AF452264

NOTRE-DAME DE FOURNES
PENSIONNAT des Demoiselles GOMBERT

TRAITÉ

DE SPHÈRE

à l'usage

DU PENSIONNAT DE FOURNES

DIRIGÉ

Par les Demoiselles GOMBERT

LILLE,

IMPRIMERIE DE L. DANEL, GRAND PLACE.

1853.

Mes chères enfants,

Vous parler de *sphère*, c'est sans doute vous tenir un langage auquel vous êtes peu accoutumées, et vous faire entendre un mot qui vous surprendra. Cependant, vous ne pouvez plus, de nos jours, ignorer cette science devenue indispensable et presque vulgaire, et dès lors, il faut bien vous en entretenir.

Remarquez qu'entre les sciences auxquelles les hommes s'appliquent, il en est certaines plus utiles, parce qu'elles sont le fondement de plusieurs autres, et qu'elles en contiennent les principes : or, telle est la connaissance de la *sphère*, vraie clef de l'astronomie, de la gnomonique, de la navigation, et surtout de la géographie qui vous regarde si prochainement.

En effet, sans m'arrêter à vous faire voir le rapport

qui conduit de la *sphère* à la connaissance, placée
quelque peu hors de votre portée, du mouvement des
corps célestes, et à celle, peu intéressante pour vous,
des navigateurs, n'est-il pas vrai que la science de la
géographie, sans celle de la *sphère*, ne repose plus sur
sa base véritable, sur ses premiers principes, et que
dès lors, manquant d'exactitude et de clarté, elle perd
nécessairement son utilité, ses charmes? C'est du
moins ce que pensent les savants capables d'en juger; et
ils ajoutent même que la science que je veux traiter ici,
prête encore à l'esprit une facilité étonnante de fixer,
de classer tout ce qui accidente la surface du globe :
n'en est-ce pas déjà assez pour me permettre de conclure avec eux que la géographie, si nécessaire aujour-
d'hui, suppose essentiellement la connaissance de la
sphère?

Après cela, quoi de plus capable de piquer la curio-
sité, que de savoir se rendre compte de tant de phénomènes que nous remarquons continuellement dans la
diversité de la température, dans la variété des saisons,
dans l'inégalité des jours et des crépuscules, dans le
déplacement apparent du soleil, dans la différence des
heures et des usages qui sont attachés à ces dernières
chez les peuples, etc.? Ainsi, par exemple, il est certains lieux où les jours sont tantôt plus longs, tantôt
plus courts que les nuits, et certains autres où les

jours conservent la même durée pendant l'année. Ici, la chaleur est insupportable ; là, on ne peut endurer le froid. Chaque jour, si l'on examine le soleil à la même heure, il semble qu'il a changé de place dans le ciel par rapport aux mêmes étoiles, et qu'il s'avance ainsi graduellement pendant tout le cours de l'an, de l'Occident vers l'Orient, tandis qu'au contraire on le voit sensiblement exécuter, toutes les vingt-quatre heures, le tour du globe, de l'Orient vers l'Occident. Il n'est pas jusqu'au crépuscule qui ne prenne une durée différente, toujours croissante pour un même lieu, à mesure que les jours y deviennent plus longs, et plus considérable d'autant qu'on se rapproche des pôles, etc.

Oh ! s'écriera celui qui n'est pas initié aux notions de la *sphère*, quels étranges changements ! Quelle peut donc être la cause de tant de variétés ? Pourquoi ces différences dans la durée des crépuscules, des jours, des nuits ? D'où vient cette variété de température dans les saisons ? Est-ce donc que le soleil change réellement de place dans l'espace, ou bien prendrait-il des positions, des distances différentes à l'égard de la terre ? Pourquoi ces différences d'heures dans chaque pays ? Comment se fait-il que l'on peut assigner, sur la surface du globe, la situation respective de chaque lieu, etc. ?

Ce sont là, en effet, mes enfants, des phénomènes

qui, aussi bien que tant d'autres que nous n'énumérerons pas, deviennent de véritables mystères pour toute personne privée des connaissances de la *sphère*, mais dont l'explication est facile, fort simple même pour l'esprit doué de cette science.

Ne pourrais-je pas ajouter que la science de la *sphère* procure l'indicible plaisir de faire contempler, comme d'un seul coup-d'œil, notre globe tout entier, avec l'ensemble de tout ce qui peut le mieux révéler la puissance et la sagesse du Créateur?

Toutes ces raisons étaient trop puissantes pour ne pas enflammer le désir qui m'anime toujours de vous être utile, et de concourir, autant que je le puis, à votre instruction; et, quelques difficultés qu'eût présentées à mon incapacité un traité de *sphère*, je me suis décidé volontiers à les surmonter, pour vous rédiger celui que je viens aujourd'hui vous offrir.

TRAITÉ
DE LA SPHÈRE.

———

Nous diviserons ce Traité en quatre parties : la première indiquera les notions préliminaires ; la seconde parlera de la sphère en elle-même ; la troisième donnera la solution de tous les problèmes que l'on peut faire sur cette matière, et la quatrième contiendra certaines tables qui serviront de complément.

———

PREMIÈRE PARTIE.

NOTIONS PRÉLIMINAIRES.

1.° *Points*, 2.° *Lignes*, 3.° *Surfaces*, 4.° *Cubes*.

SECTION 1.re

POINTS.

Par *point*, en général, on entend ce qui est supposé n'avoir ni longueur, ni largeur, ni hauteur, et qui, par conséquent, n'est capable d'être soumis à aucune mesure.

Un point dans lequel on supposerait quelques dimensions, deviendrait par-là même capable d'être soumis à une mesure, et dès lors cesserait d'être un *point* pour devenir une *ligne*.

SECTION 2.e

LIGNE.

1.° *Nature*, 2.° *Espèces*.

CHAPITRE 1.er

NATURE DE LA LIGNE.

La *ligne* est engendrée par le *point* en mouvement ; c'est ce qui a une longueur et qui, par conséquent, est capable d'être soumis à une mesure dans une seule direction.

Une *ligne* est supposée n'avoir aucune largeur ; s'il en était autrement, elle changerait par-là même de nature, et deviendrait une *surface*.

CHAPITRE 2

ESPÈCES DE LIGNES.

1.º Droite, 2.º Courbe

ARTICLE 1.ᵉʳ

Ligne droite considérée 1.º par rapport à elle-même, 2.º par rapport à sa position, 3.º par rapport à d'autres lignes.

§ 1.ᵉʳ

Ligne droite considérée par rapport à elle-même.

1.º Comme ligne en général, 2.º Comme unité de mesure.

N.º 1

Comme ligne en général.

La ligne *droite* est le plus court chemin d'un point à un autre; en d'autres termes, c'est celle dont tous les points, pris à volonté et trois à trois, sont placés dans la même direction : tel est le rayon de l'œil qui fixe un objet.

Quelques auteurs distinguent encore la ligne *brisée*, qui se compose de plusieurs lignes *droites* jointes par leurs extrémités, comme les lignes qui forment ensemble les deux côtés d'un triangle; mais il est évident que ce n'est là que la réunion de plusieurs lignes *droites* qui doivent être considérées isolément, et que, dès lors, cette division de la ligne n'est pas rationnelle.

N.º 2

Comme unité de mesure.

1.º Sa nature, 2.º Observations.

POINT 1

SA NATURE.

Par *mesure*, en général, il faut entendre ce qui, pris comme unité, sert, comme tel, à apprécier la quantité de toutes les choses susceptibles de lui être comparées.

On distingue autant d'espèces de *mesures* qu'il y a de différences dans la nature des choses susceptibles d'être mesurées. C'est ainsi qu'il y a le *mètre*, l'*are*, le *litre*, le *gramme*, etc. Nous ne nous arrêterons ici qu'au *mètre*.

Le *mètre*, l'unité de longueur, est la dix-millionième partie du quart du méridien terrestre ou de la distance de l'équateur au pôle nord. Il a été adopté comme unité fondamentale par les Français (voyez l'extrait des lois du **18** germinal, an III de la république), et même, en vertu d'une autre loi du gouvernement du 4 juillet 1837), il est devenu obligatoire depuis 1840.

Ce méridien terrestre, c'est-à-dire cet arc compris entre l'équateur et le pôle, et dont la dix-millionième partie devait donner le *mètre*, a été trouvé égal à **5,130,740** toises **74074** cent millièmes. Or, ce nombre, multiplié successivement d'abord par **6** pieds, valeur d'une toise, puis par **12** pouces qui font un pied, enfin par **12** lignes contenues dans un pouce, donne, pour résultat : **4,432,959,999** lignes, lequel résultat, divisé ensuite par **10** millions, amène un quotient égal à **443** lignes 296 millièmes, ce qui équivaut à 3 pieds 11 lignes **296**.

Voilà donc le *mètre légal*, tel qu'il est aujourd'hui usité, et, bien qu'il n'y ait plus lieu de revenir maintenant sur la base d'où il a été pris, ni sur la valeur qu'il a reçue, nous ferons cependant ici deux observations.

POINT 2

OBSERVATIONS.

La première observation que nous ferons sur le *mètre légal*, c'est que les savants qui l'ont établi, auraient mieux atteint le but qu'on se proposait en voulant donner une mesure naturelle et capable d'être suivie, comme étant la même, par toutes les nations, si, au lieu de l'établir par une division du méridien terrestre, ils l'eussent tiré d'une division de l'axe de la terre, qui est le même pour tous les peuples, tandis que les méridiens, pouvant être de différentes longueurs à cause des inégalités de terrain qui se rencontrent sur la surface du globe, peuvent aussi faire varier le *mètre* que chaque nation voudrait tirer de la division de ces cercles.

La seconde observation que nous ferons encore, c'est que le *mètre* actuel pèche dans sa valeur numérique, et cette assertion reste prouvée par des recherches plus récentes et plus exactes qu'on a faites de la longueur du quart du méridien. En effet, d'après la table qui se trouve ci-après, et où chaque degré, depuis l'équateur jusqu'au pôle nord, est évalué en *mètres*, il conste que la dix-millionième partie du total des valeurs de tous les 90 degrés, est plus grande que le *mètre* actuel, puisque leur somme générale s'élevant à 10,111,653 mètres 2 dixièmes, il s'ensuit que le *mètre* devrait avoir 448 lignes 2.454.817, c'est-à-dire 3 pieds 1 pouce 4 lignes 2.454.817.

§ 2

Par rapport à sa position.

1.º *Ligne horizontale*, 2.º *Ligne verticale*.

1.º La ligne *horizontale* est celle qui a une direction parallèle à la surface de l'eau. Cette ligne se trouve au moyen d'un instrument appelé *niveau*.

2.º La ligne *verticale* est celle dont la direction va de haut en bas, suivant le rayon terrestre du lieu où son pied aboutit. On trouve cette ligne au moyen de l'instrument nommé *fil à plomb*.

§ 3

Par rapport à d'autres lignes.

1.º *Lignes parallèles*, 2.º *Lignes perpendiculaires*,
3.º *Lignes obliques*.

1.º Deux ou plusieurs lignes sont *parallèles* quand elles vont dans la même direction, sans s'écarter l'une de l'autre. Ainsi sont *parallèles* les deux côtés d'un pavé, les barreaux d'une fenêtre, les lignes d'écriture, etc.

2.º Deux lignes sont *perpendiculaires* quand l'une tombe

sur l'autre, sans s'incliner ni d'un côté ni d'un autre ; tels sont : les lignes verticale et horizontale, le mur et le parquet d'une chambre, les deux branches d'une équerre, etc.

3.º Deux lignes sont *obliques* quand l'une tombe sur l'autre, en s'inclinant plus d'un côté que de l'autre ; tels sont les côtés d'un triangle obliquangle, etc.

ARTICLE 2
Ligne courbe.

1.º Sa nature, 2.º Ses espèces.

§ 1.ᵉʳ
Sa nature.

La ligne *courbe* est celle qui circule, ou celle dont tous les points, pris à volonté et trois à trois, ne sont pas placés dans la même direction.

§ 2
Espèces.

1.º Cercles, 2.º Arcs.

N.º 1
Cercles.

1.º Nature, 2.º Espèces. 3.º Division.

POINT 1
NATURE DU CERCLE.

1.º Circonférence, 2.º Diamètre, 3.º Axe, 4.º Centre. 5.º Plan.

1.º On entend par *circonférence*, une figure courbe fermée, ayant tous ses points également éloignés d'un point intérieur nommé *centre*.

2.º Le *diamètre* d'un cercle est une ligne droite qui passe par le centre et va , parallèlement au plan de ce cercle , aboutir aux deux points opposés de la circonférence.

Le *rayon* est la moitié du diamètre, c'est-à-dire une droite qui va du centre à un point quelconque de la circonférence.

Divers auteurs ont essayé de trouver le rapport du diamètre à la circonférence , et parmi les résultats qui ont été obtenus, le plus exact auquel on s'arrête particulièrement est celui-ci : le diamètre est à la circonférence , comme 1 est à 3,141592653589.

Il faut remarquer que ces dernières décimales , poussées jusqu'à la douzième figure , peuvent n'être pas toutes employées, lorsqu'on ne veut qu'une approximation ordinaire : on peut alors ne prendre qu'un nombre de figures plus ou moins grand , selon qu'on veut plus ou moins d'exactitude.

D'après cela , si un cercle a un diamètre égal à 12, pour avoir la longueur de sa circonférence , on fera : 1 : 3,14159 :: 12 : X = 37,69908. (Voyez le prob. 1.)

3.º *L'axe* d'un cercle est une ligne droite qui passe par le centre de ce cercle et dont la direction est perpendiculaire au plan et au diamètre de ce même cercle.

Les *pôles* d'un cercle sont les deux extrémités de son axe.

4.º Le *centre* d'un cercle est le point intérieur qui se trouve à une égale distance de chacun des points de la circonférence.

5.º Nous définirons le *plan* du cercle : la superficie qu'engendrerait son rayon , en supposant celui-ci immobile , par une extrémité , au centre de ce même cercle , et exécutant, par l'autre extrémité , un mouvement circulaire sur toute la longueur de la circonférence.

POINT 2

ESPÈCES DE CERCLES.

1.º *Grands cercles*, 2.º *Petits cercles*.

1.º Les *grands cercles* sont ceux dont les pôles sont éloignés de 90º de part et d'autre de la circonférence, et qui, par conséquent, partagent la sphère en deux *hémisphères* égaux.

2.º Les *petits cercles* sont ceux dont les pôles ne sont point éloignés également de part et d'autre de la circonférence, et qui, par conséquent, partagent la sphère en deux hémisphères inégaux.

POINT 3

DIVISION DU CERCLE.

Tout cercle, grand ou petit, se divise en 360 *degrés :* chacun de ces degrés, en 60 *minutes ;* chacune de ces minutes, en 60 *secondes ;* chacune de ces secondes en 60 *tierces*, etc. Cependant, depuis l'adoption du système décimal, quelques géomètres partagent la circonférence en 100 *parties* qu'ils appellent *grades ;* chaque grade en 100 *minutes ;* chaque minute en 100 *secondes ;* chaque seconde en 100 *tierces*, etc. Cette dernière division s'appelle *centésimale ;* l'ancienne se nomme *sexagésimale.* Nous suivrons celle-ci de préférence dans ce Traité, parce que la plupart des instruments lui sont encore assujettis ; et pour le cas où l'on fût dans le besoin de ramener l'une de ces deux divisions à l'autre, nous renvoyons au problème cinquième de la troisième partie de ce livre.

Il faut remarquer que, pour abréger l'écriture des degrés, minutes, secondes, etc., on a coutume de les indiquer par certains petits signes que l'on met au haut du chiffre, comme 30°, 14′, 21″, 40‴, etc., ce qui signifie 30 degrés, 14 minutes, 21 secondes, 40 tierces, etc.

N.º 2

Arcs.

Par *arc*, on entend une portion plus ou moins grande du cercle. Quand un *arc* est égal à la moitié du cercle, on l'appelle *demi-cercle ;* quand il est égal au quart du cercle, on l'appelle *quadrant*. Quelquefois, et le plus souvent, on désigne la valeur d'un *arc* en indiquant le nombre de ses degrés, ainsi alors, le demi-cercle a 180 degrés, le quadrant en a 90, etc.

SECTION 3.e

SURFACE.

La *surface* est engendrée par une ligne en mouvement ou par une ligne dont les deux extremités opèrent un mouvement égal et parallèle. En d'autres termes, c'est ce qui a longueur et largeur, et par conséquent, peut être soumis à une mesure linéaire dans deux directions perpendiculaires.

D'après cette définition, il résulte que le contenu d'une *surface* est égal au produit de la longueur par la largeur perpendiculaire. Donc, un parquet long de 3 mètres sur 2 de large, est égal, en superficie, à $3 \times 2 = 6$ mètres.

La *surface* d'un cercle s'obtient en multipliant la moitié du rayon, ou le quart du diamètre par la circonférence. Ainsi le cercle dont il est parlé plus haut, aurait, pour *surface*, $37,69908 \times 3 = 113,09724$. Voyez le prob. 2.

SECTION 4.e

VOLUME.

Par *volume*, en général, on entend l'étendue, la grosseur d'un corps par rapport à l'espace qu'il occupe. Nous allons nous entretenir spécialement de la sphère.

DEUXIÈME PARTIE.

DE LA SPHÈRE EN ELLE-MÊME

1.° *Sphère en général*, 2.° *Différentes espèces*.

SECTION 1.re

SPHÈRE EN GÉNÉRAL.

1.° *Définition*, 2.° *Axe*, 3.° *Pôles*, 4.° *Surface*, 5.° *Volume*.

1.° La *sphère* est un *solide* dont la surface a tous les points également distants d'un autre point intérieur nommé *centre*.

Si l'on suppose une ligne droite dont l'une des deux extrémités est en mouvement, tandis que l'autre est immobile en un même point, la première décrira une courbe autour du point occupé par la seconde, et la figure qui résultera sera un cercle. Celui-ci faisant à son tour une révolution sur son diamètre, produira un solide, et ce dernier sera ce qui vient d'être défini : la *sphère*.

2.° Par l'*axe* de la sphère, on entend l'essieu sur lequel cette sphère est supposée tourner.

3.° Les *pôles* d'une sphère sont les deux extrémités de l'axe dépassant aux deux points opposés de la surface de la sphère.

4.° Nous ferons remarquer ici que la *surface* d'une sphère est égale à quatre fois celle de l'un de ses grands cercles. Soit donc une sphère dont le diamètre est égal, comme plus haut, à 12 : la surface de son grand cercle étant alors égale à $3,14159 \times 12 \times 3 = 113,09724$; celle de la sphère sera égale à $113.09724 \times 4 = 452,38896$. Voy. le prob. 3.

5.º Le volume d'une sphère est égal à quatre fois la surface, multipliée par le tiers du rayon. Donc, dans la sphère précédente, nous aurons pour volume : $452,389 \times 4 \times 4 = 7238,224$.

SECTION 2.ᵉ

DIFFÉRENTES ESPÈCES DE SPHÈRES.

1.º *Sphère réelle*, 2.º *Sphère artificielle*.

CHAPITRE 1.ᴱᴿ

SPHÈRE RÉELLE.

ARTICLE 1.ᵉʳ

1.º *Sphère terrestre*, 2.º *Sphère céleste*.

Sphère terrestre considérée : 1.º par rapport à nous : 2.º par rapport à elle-même.

§ 1.ᵉʳ

Par rapport à nous :

1.º *Points d'orientation*; 2.º *Orientations spéciales*.

N.º 1

Points d'orientation.

Nous ferons remarquer que pour *s'orienter*, il faut d'abord connaître la situation des points nommés *cardinaux*, vrais points de repères sur la sphère ; et ensuite savoir de quel côté on doit tourner la face pour se trouver vis-à-vis de celui que l'on cherche de ces points.

Les points *cardinaux*, au nombre de quatre, sont le *nord* et le *sud*, l'*est* et l'*ouest*. Une personne qui, au moment du midi, tournerait le dos au soleil, aurait devant les yeux le *nord*; derrière soi, le *sud*; à droite, l'*est*; à gauche, l'*ouest*.

Il est , entre les points cardinaux , d'autres points que l'on nomme *collatéraux ;* ce sont les quatre points qui tiennent le milieu de chaque intervalle entre deux points cardinaux voisins ; ils s'appellent le *nord-est* , le *sud-est*, le *sud-ouest*, le *nord-ouest*. Si en plein midi , je me tourne vers le nord, j'aurai, vers mon œil droit, le *nord-est*, etc.

Entre chaque point cardinal et chaque point collatéral , il existe encore d'autres points qui s'appellent *intermédiaires*. Ces points , au nombre de huit , sont : le *nord-nord-est* , l'*est-nord-est*, etc.

Enfin, entre chacun de tous les points sus-mentionnés et le point le plus voisin , il en existe encore d'autres qu'on appelle *petits points*, et qui doivent être au nombre de seize ; ce sont : le *nord-quart-nord-est*, etc. (Voyez la rose des vents , à la table 1 de ce traité.)

N.° 2

Orientations spéciales.

On dit que le prêtre s'oriente vers l'Est ; le poète, vers l'Ouest; l'astronome , vers le Sud , et le géographe , vers le Nord. La raison de ceci qui, après tout , ne peut être que bien petite, se tire sans doute du rapport , plus ou moins sensible , que l'on pourrait voir entre ces points favoris , et les occupations propres de chacun de ces personnages. Ainsi, le prêtre , à la vue du soleil qui, à son lever, chasse les ténèbres et éclaire le monde, trouve l'image de Jésus-Christ qui dissipe les ténèbres des vices et établit les lumières de la vertu. Le poète , dans ses récits dramatiques et tragédiques , s'inspire sans doute , à la vue des tableaux mélancoliques et si variés qui le frappent au moment de la chute du jour. Le géographe a besoin de ramener au pôle nord , qu'il ne peut , pour cette raison , perdre de vue, tous les lieux qu'il considère à la surface du globe , et l'astronome , dans le placement des astres, doit, le plus souvent, se baser sur le temps , lequel se compte toujours du moment où le soleil est dans le méridien. Ce sont bien sûr ces idées qu'on a voulu exprimer par les quatre vers suivants :

> Le prêtre s'oriente en regardant vers l'Est ;
> Le poëte, au contraire, a les yeux vers l'Ouest.
> Le géographe, au Nord, ramène tous les lieux,
> Et l'astronome, au Sud, fait commencer les cieux

§ 2

Sphère terrestre considérée par rapport à elle-même.

1.° Ses modes, 2.° Sa constitution, 3.° Son assemblage,

4.° Sa position, 5.° Ses mouvements,

6.° Ses apparences.

N.° 1

Ses modes.

1.° Forme, 2.° Dimensions.

POINT 1

FORME DE LA SPHÈRE TERRESTRE.

Il est reconnu maintenant que la terre a la forme d'une sphère, et cette conviction, généralement admise aujourd'hui, résulte d'une foule de preuves de tous genres, fournies par l'expérience, l'observation et le raisonnement. Nous n'entrerons pas ici dans le détail de ces preuves qui nous mènerait trop loin ; nous supposerons la sphéricité de la terre comme une vérité.

Il est vrai cependant que la terre, d'après des mesures exactes, prises à sa surface, se trouve un peu aplatie vers ses pôles, et que, rigoureusement parlant, elle doit être plutôt regardée comme un sphéroïde, dont les diamètres présentent une différence, petite à la vérité, mais réelle et appréciable, que comme une sphère parfaitement ronde : et c'est ce dont on se convaincra d'après ce qui suit.

POINT 2

SES DIMENSIONS.

On aura une idée des dimensions de la terre, en jetant

les yeux sur les deux tables V et VI, qui se trouvent à la fin de ce livre. La seconde de ces deux tables indique la longueur de chaque rayon terrestre, pris d'abord sous l'équateur, ensuite à 45 degrés, enfin sous le pôle même; et la première contient la longueur de chaque degré du méridien depuis 0° jusqu'à 90° avec celle de chaque degré du parallèle.

Nous ferons remarquer que dans la seconde de ces deux mêmes tables, le rayon pris sous l'équateur, est la moitié du diamètre de ce cercle, et que celui pris sous le pôle est la moitié de l'axe de la terre. Quant à l'aplatissement de celle-ci, qui a été reconnu égal à 0,00324, c'est la différence du plus grand rayon sur le plus petit, c'est-à-dire du premier sur le second. Cette différence signifie que si le premier est regardé comme étant de 324, le second sera de 323.

N.° 2

Constitution de la sphère terrestre.

1.° *Atmosphère*, 2.° *Surface*, 3.° *Intérieur*.

Ce serait ici le lieu de donner toutes les notions que la science possède de l'*atmosphère*, de la *surface* du globe et de l'*intérieur* de celui-ci ; mais il est évident que le développement de ces divers sujets ne peut trouver place dans ce traité de sphère. Ne serait-ce pas, en effet, nous mettre dans la nécessité d'aborder une foule de questions étrangères, qui regardent plutôt la physique ou la géographie politique, et par-là perdre de vue notre sujet ? D'ailleurs, ces matières, regardées par tous les savants comme faisant chacune un point distinct de la science, ont des traités spéciaux. Nous nous contenterons donc de ne donner ici de ces choses que quelques petites notions, renvoyant, pour le reste, aux ouvrages qui en parlent d'une manière plus étendue.

1.º *L'atmosphère* est la masse de cette substance gazeuse appelée *air*, qui forme l'enveloppe de la terre et qui se meut avec elle dans l'espace.

La figure de l'*atmosphère*, quand celle-ci est en équilibre, est, par suite de son mouvement de rotation avec la terre, celle d'un sphéroïde aplati vers les pôles ; c'est la même figure que celle de la terre.

Sa hauteur est différemment appréciée : certains savants la font de 16 lieues ; d'autres, de 17 ; quelques-uns, de 18. En admettant cette hauteur de 16 lieues 1/2, on trouve que le volume entier de l'*atmosphère* est le 29.ᵉᵐᵉ de celui de notre globe ; que son poids général n'en est que les 43 millièmes, en supposant à la terre une densité plus forte 5 fois 1/2 que celle de l'eau.

2.º La *surface* de la terre entière peut s'obtenir facilement au moyen des trois premiers problèmes indiqués ci-après, dans la troisième partie de cet ouvrage. En effet, si l'on suppose un sphéroïde aplati comme la terre, et décrit sur le rayon moyen de celle-ci, lequel, comme il est dit, table VI, est égal à 1,430 lieues 2 dixièmes, on aura d'abord, par le rapport du diamètre à la circonférence : $1 : 3,14159 :: $ deux fois $1430,2 : x = 8986,105$ lieues pour la mesure du circuit ; ensuite, ce dernier terme étant multiplié par la moitié du rayon, c'est-à-dire par 715,1, on obtiendra, pour la superficie du cercle terrestre, 6426031,62, et c'est ce dernier qui, quadruplé, amène enfin, pour la *surface totale* de la terre, 25704126 lieues 48 centièmes.

3.º La terre n'a de solide qu'une enveloppe dont nous ne connaissons pas encore exactement l'épaisseur ; nous sommes cependant certains que cette épaisseur ne peut pas dépasser 25 lieues.

On s'accorde assez à dire que, terme moyen, la chaleur augmente, à mesure qu'on s'enfonce dans l'intérieur du globe, d'un degré centésimal tous les 28 mètres 8 dixièmes.

A en juger d'après cette marche du thermomètre, on croit que le centre de la terre est occupé par de la matière en ignition.

N.º 3

Assemblage de la sphère terrestre.

1.º *Cercles divisant la sphère,* **2.º** *Portions résultant de cette division.*

POINT 1

CERCLES DIVISANT LA SPHERE.

1.º *Différences,* **2.º** *Emploi.*

A 1

Différentes espèces de cercles.

1.º *Grands cercles,* **2.º** *Petits cercles,* **3.º** *Cercles immobiles,* **4.º** *Cercles mobiles,* **5.º** *Arcs.*

B 1

Grands cercles.

1.º *Equateur,* **2.º** *Horizon,* **3.º** *Méridien,* **4.º** *Ecliptique,* **5.º** *Colures,* **6.º** *Terminateur.*

C 1

Equateur.

1.º *Sa nature,* **2.º** *Sa route.*

D 1

Nature de l'équateur.

L'équateur est un grand cercle dont le plan partage la terre en deux hémisphères égaux, appelés, l'un *septentrional*, l'autre *méridional*, et sur l'axe duquel la terre exécute son mouvement de rotation, et dont les pôles regardent, l'un, *l'étoile polaire*, et l'autre, une étoile de la constellation de l'*Octant*.

Il faut remarquer que l'étoile polaire est une étoile de troisième grandeur, située au nord, près du vrai pôle, n'ayant qu'un mouvement insensible à l'œil, et restant toujours visible pour nous. Cette étoile s'appelle, chez les Chinois, *le Roi*; chez les Arabes, *Racchabah*, et chez les Italiens et les Français, *Tramontane*. Sa distance du vrai point polaire est de 1º 35′ 51″ 18‴.

Or, pour distinguer cette étoile, il suffit de jeter les yeux sur la constellation si connue de la *Grande-Ourse*, dite vulgairement *le chariot de David*, et de tirer une ligne droite sur les deux étoiles postérieures *Alpha* et *Béta* (1) du carré de cette constellation, en partant de *Béta* vers *Alpha*, la prolongeant à une distance à peu près égale à celle de *Béta* et *Éta :* cette ligne ira aboutir à côté de l'étoile polaire.

L'étoile polaire étant connue, il faut, en outre, pour trouver le vrai point polaire, savoir que cette étoile est opposée à celle qui est la première nommée *Epsilon*, de la queue de la *Grande-Ourse*, la plus rapprochée du carré de cette constellation : et de plus, que ces étoiles passent au méridien, *Tramontane* au-delà du point polaire et en second lieu, l'autre en deçà et en premier lieu, à 11 minutes selon certains astronomes, à 13 minutes selon certains autres, d'intervalle de temps, laissant ainsi ce point entre elles. Cette connaissance est nécessaire pour procéder, au moyen de *Tramontane*, à la recherche du vrai point polaire.

Et quant au point du pôle sud, opposé au premier, c'est-à-dire, au pôle nord, et toujours invisible pour nous, il se trouve dans une étoile sextaire, nommée *Delta*, de la constellation qu'on appelle l'*Octant*.

D 2

Route que suit l'équateur

1.° *Sur la terre*. 2.° *Dans le ciel*.

1.° Il est facile de trouver, sur la surface de la terre, tous les endroits par où passe la circonférence de ce cercle. En voyageant autour de la terre, on peut en effet remarquer successivement toutes les étoiles à égales distances, de part et d'autre, des deux étoiles polaires qui viennent d'être signalées, et suivre ainsi, autour de la terre, la direction qui met l'une après l'autre, toutes ces étoiles au zénith ou dans le fil à plomb, et déterminer ainsi, par la route qu'on aura tracée, une ligne qui fera le tour du globe : ce sera celle de la circonférence de l'*équateur*. C'est ainsi qu'on a

---

(1) Dans le *chariot* supposé, ces deux étoiles, *Alpha* et *Béta*, forment les deux roues postérieures, celle-ci étant du côté de la concavité du timon, aussi bien que *Gamma*, qui fait une roue antérieure avec *Delta*. Ensuite, *Epsilon*, la première, *Zeta*, la seconde, et *Éta*, la troisième, font le timon du *chariot*.

reconuu que ce cercle passe dans les états du Macoco et du Monoëmugi ; traverse la mer des Indes , les îles de Sumatra, de Bornéo , et la vaste étendue de la mer Pacifique , et coupe l'Amérique méridionale depuis la province de Quito , au Pérou, jusqu'à l'embouchure de la rivière des Amazones.

La route que suit l'équateur dans le ciel , se remarque facilement sur les planisphères. Ce cercle ; à partir du point equinoxial situé dans les *Poissons* , passe sur une étoile qui se trouve au sein droit d'*Antinoüs*, vis-à-vis *Altaïr ;* puis , sur deux étoiles situées dans la robe de la *Vierge ;* ensuite, sur la patte gauche du *Lion ;* enfin , sur l'étoile qui se trouve la plus boréale des trois formant la ceinture d'*Orion*.

C 2

L'horizon.

L'horizon est un grand cercle dont le plan coupe la sphère en deux hémisphères égaux, appelés l'un *supérieur* ou *visible*, l'autre *inférieur* ou *invisible*, et dont les pôles sont situés l'un au point de notre *zénith* et l'autre à celui de notre *nadir*.

Notre *zénith* est le point vertical qui correspond dans le ciel justement au-dessus de notre tête , et notre *nadir* est le point opposé sous nos pieds. Ces deux points sont désignés par les deux extrémités de l'instrument qu'on nomme *fil à plomb*. La ligne qui est supposée unir notre *zénith* et notre *nadir*, ou l'axe de notre horizon, passe nécessairement, comme tous les axes des autres cercles, par le centre de la terre

Il y a encore un autre *horizon* qu'on appelle *visuel :* ce n'est autre chose que l'étendue de la surface de la terre ou de la mer que chacun peut voir en regardant, autour de soi, aussi loin que la vue peut porter. Le cercle de cet *horizon* est évidemment plus grand ou plus petit , selon que le spectateur est plus ou moins élevé.

D'après ceci , il faut conclure qu'il y a autant *d'horizons particuliers* qu'il y a de différences de lieux sur la surface de la terre , et qu'on change d'*horizon* chaque fois que l'on s'avance soit dans le sens de l'équateur, soit dans le sens du méridien , c'est-à-dire quand on change soit de longitude, soit de latitude. Il est cependant deux points qui restent les mêmes pour toutes les positions que peut prendre l'*horizon*, ce sont les deux nœuds où ce cercle vient couper l'équateur, nœuds qu'on appelle, l'un l'*Orient vrai*, l'autre l'*Occident vrai*.

A propos de ceci, nous ferons remarquer que l'on distingue habituellement trois sortes d'*orients*, savoir : l'*orient vrai*, point de l'horizon où le soleil se lève à l'équinoxe du printemps; l'*orient d'été*, lieu de l'horizon où le soleil se lève au solstice d'été, et l'*orient d'hiver*, degré de ce même cercle où le soleil se lève au solstice d'hiver. Ces distinctions se font également pour l'*occident*.

C 3

Le méridien.

Le *méridien* est un grand cercle dont le plan partage la sphère en deux hémisphères égaux, appelés, l'un *oriental*, l'autre *occidental*, et dont les deux pôles sont placés sur l'horizon, l'un au point *Est*, l'autre au point *Ouest*, passant lui-même par les deux pôles Nord et Sud de l'équateur, et par notre zénith et notre nadir. Le *méridien* coupe de part et d'autre et à angles droits, d'abord l'équateur, à la distance d'un quart de cercle, entre les deux points susdits, *Est* et *Ouest*; ensuite l'horizon, à la même distance entre notre zénith et notre nadir.

Le cercle entier du *méridien* se divise en deux grandes parties, dont chacune se subdivise encore en deux quarts de cercle. (Voyez plus bas : *arcs horaires.*)

Il y a autant de *méridiens particuliers* qu'il y a de différences de lieux, en allant dans le sens de l'équateur ou d'un parallèle, c'est-à-dire en allant de l'Est à l'Ouest ou de l'Ouest à l'Est; mais on ne changerait pas de *méridien*, si on allait dans la direction du Nord au Sud ou du Sud au Nord.

Il suit de là qu'il est midi en même temps pour tous les peuples qui ont le même *méridien;* mais tous les pays dont le *méridien* change, n'ont pas midi aux mêmes moments.

Nous parlerons plus bas du choix que l'on doit faire du *premier méridien* pour compter les longitudes.

Et pour ce qui est de la manière de trouver la méridienne d'un lieu, voyez le problème **8**.

C 4

L'écliptique.

L'*écliptique* est un grand cercle dont le plan fait avec celui de l'équateur un angle de 23°.28, partageant ainsi , comme ce dernier, la sphère en deux hémisphères égaux , appelés l'un *septentrional*, l'autre *méridional*, et dont les pôles se trouvent toujours situés aux deux nœuds où le colure équinoxial est coupé, dans l'hémisphère nord, par le cercle polaire arctique , et , dans l'hémisphère sud, par le cercle polaire antarctique.

Le pôle arctique ou boréal de l'écliptique, le seul que que nous puissions voir en Europe, est maintenant situé à la tête de la constellation qu'on nomme le *Dragon*, entre les deux étoiles que l'on désigne sous les noms de *Delta* et *Zéta* (un peu plus près de cette dernière) sur la ligne menée par les deux étoiles du carré de la grande Ourse, les plus voisines de la queue. L'autre pôle , le pôle boréal , toujours invisible pour l'Europe, se trouve situé près d'une étoile qui fait l'oreille du *Poisson* , constellation que l'on désigne sous le nom de *Dorado*.

Le cercle de l'*écliptique* représente la trace que le soleil semble décrire dans sa révolution annuelle.

Les deux points où l'*écliptique* coupe l'équateur, s'appellent *équinoxes*, parce que chaque fois que le soleil y passe, les nuits sont égales aux jours. De ces deux points , celui qui se nomme *Bélier*, c'est-à-dire celui du printemps, se trouve maintenant très-voisin de la ligne qui joint les deux étoiles de *Pégase* , qu'on nomme *Andromède* et *Algénib*, à la distance qui met cette dernière étoile au milieu. L'autre, celui qu'on nomme la *Balance*, c'est-à-dire celui de l'automne, est situé près de l'épaule gauche de la *Vierge* ou vers le milieu de la ligne qui mène de l'étoile appelée *Regulus* à l'étoile nommée *Épi de la Vierge*. Les deux points de l'*écliptique* les plus éloignés de l'équateur, s'appellent *solstices* , parce que, quand le soleil y arrive, le jour est le plus long ou le plus court de l'année. Le point solstitial d'été se trouve vis-à-vis *Sirius*, et l'autre à peu près vis-à-vis *Wéga*.

Nous verrons plus bas que l'*écliptique* se divise en plusieurs espèces d'arcs.

C 5

Les colures.

Ces deux grands cercles passent d'abord l'un et l'autre par les pôles Nord et Sud où ils se coupent mutuellement à angles droits ; puis, l'un par les deux points équinoxiaux (points où l'écliptique coupe l'équateur) , et celui-là s'appelle *colure équinoxial ;* l'autre, par les points des solstices (points où le cercle de l'écliptique s'écarte le plus de celui de l'équateur) , et ce dernier se nomme *colure solstitial.* Ce dernier passe aussi par les pôles Nord et Sud de l'équateur, et par ceux de l'écliptique.

Passant par les pôles de la terre , ces deux cercles sont de véritables méridiens. On les distingue néanmoins des autres méridiens en ce qu'ils sont particulièrement destinés à indiquer sur l'équateur les points précis où le soleil, dans le cours de l'année, se trouve aux équinoxes ou aux solstices : c'est là leur seul usage.

C 6

Le terminateur (1).

Le *terminateur* est un grand cercle dont le plan partage la sphère en deux hémisphères égaux , l'un toujours éclairé par la lumière du soleil, l'autre toujours dans les ténèbres, et dont les pôles se trouvent constamment situés , l'un dans le *rayon vecteur,* et l'autre dans le point du ciel opposé au soleil.

Il faut remarquer que par le *rayon vecteur,* on entend une ligne droite qui est supposée partir du centre de la terre pour aller aboutir au centre du soleil. Dans le mouvement de la terre autour du soleil, cette ligne doit participer au même mouvement, sans cependant que le plan du cercle du *terminateur* cesse jamais de lui être perpendiculaire.

---

(1) Quelques auteurs appellent ce cercle *luciistrateur.*

B 2

Petits cercles.

1.º *Parallèles*, 2.º *Tropiques*, 3.º *Polaires*.

C 1

Parallèles.

Les *parallèles*, ainsi appelés parce que la direction de leurs plans est la même que celle du plan de l'équateur, sont des cercles placés, de part et d'autre, aux côtés de ce grand cercle, dans les deux hémisphères septentrional et austral, et qui diminuent toujours de grandeur à mesure qu'ils sont plus proches de chacun des pôles Nord et Sud où le dernier devient nul.

Il y a autant de *parallèles* que l'on veut ; on peut en supposer un à chaque degré du méridien, un à chaque minute, un à chaque seconde, etc.

C 2

Tropiques.

Les deux *tropiques* sont deux parallèles placés, l'un dans l'hémisphère nord, et celui-ci est le *tropique du Cancer* ; l'autre, dans l'hémisphère sud, et ce dernier est le *tropique du Capricorne*, à une distance de 23º 28' de l'équateur. Ces deux cercles touchent l'écliptique aux deux points solstitiaux, et sont décrits par le soleil, quand cet astre se trouve, en été, au 21 juin, jour le plus long de l'année pour nous, dans l'hémisphère nord ; ou bien, en hiver, au 21 décembre, notre plus court jour, dans l'hémisphère sud.

C 3

Polaires.

Les *polaires* sont deux parallèles placés, l'un au nord, l'autre au sud, à 23º 28' de chaque pôle. Celui qui est situe au nord s'appelle *polaire arctique*, et celui qui est situé au sud, *polaire antarctique*. Ils sont décrits par les pôles de l'écliptique, lequel, tout en conservant toujours une égale distance dans l'angle qu'il fait avec l'équateur, se meut cependant de manière à faire décrire par ses pôles ces deux petits cercles autour des pôles de l'équateur. Il faut, pour que ces deux cercles soient ainsi décrits entièrement par les pôles de l'écliptique, un espace de 25,868 ans, temps nécessaire aussi pour que les points des equinoxes aient, en rétrogradant, parcouru, par l'effet de la *précession des équinoxes*, laquelle est, terme moyen, de 50 secondes de degré par an, tout l'équateur entier.

B 3
Cercles immobiles.

Les cercles *immobiles* ou *absolus* sont indépendants de la situation de tout objet placé à la surface de la terre, auquel ils pourraient être comparés. Chacun de ces cercles est unique sur la sphère et le même pour tous ses habitants. L'*équateur* est de ce genre, aussi bien que l'*écliptique*. Il faut ajouter chacun des deux *colures*, de tous les *parallèles*, des *tropiques*, des *polaires*.

B 4
Cercles mobiles.

Les cercles *mobiles* ou *relatifs* ont sur la sphère une position dépendant de celle de l'objet auquel ils peuvent être comparés. Ils se multiplient donc avec les places que les différents habitants du globe peuvent occuper à sa surface, et de ce genre sont : l'*horizon*, le *méridien*.

B 5
Arcs.

1.º *Ascension droite et déclinaison*, 2.º *longitude et latitude célestes*, 3.º *Amplitude et azimut*, 4.º *Verticaux et horaires*, 5.º *Signes de l'écliptique.*

C 1
Ascension droite et déclinaison.

1.º L'*ascension droite* du soleil ou d'une étoile est l'arc de l'équateur, compris entre l'équinoxe du printemps et le point où l'astre se trouve dans l'écliptique, ramené sur l'équateur.

2.° La *déclinaison* d'un astre est l'arc , pris sur le méridien, entre l'équateur et le point de ce méridien, où se trouve cet astre.

C 2

Longitude et latitude des astres.

1.° La *longitude* d'un astre est l'arc de l'écliptique ou d'un parallèle de l'écliptique , compris entre le point *Ariès* (point de l'équinoxe du printemps, où l'équateur coupe l'écliptique) jusqu'à l'astre en question. Cet arc, ramené à l'équateur, constitue l'*ascension droite*.

2.° La *latitude* d'un astre se compte en partant de l'écliptique , sur l'un des quadrants qui sont supposés tomber perpendiculairement sur ce même cercle et aller aboutir à son pôle.

C 3

Amplitude et azimut.

1.° L'*amplitude* du soleil ou d'un astre est l'arc de l'horizon compris entre le vrai point de l'Orient ou de l'Occident et le centre de cet astre, à l'instant où celui-ci perce l'horizon. L'amplitude est *ortive* ou *occase* , selon qu'elle se rapporte au lever ou au coucher de l'astre en question ; elle est *septentrionale* ou *méridionale*, selon qu'elle se prend dans un hémisphère ou dans l'autre.

2.° L'*azimut* d'un astre est l'arc de l'horizon , compris entre le point *sud* et le point de ce même cercle où vient tomber le vertical qui passe par le centre de cet astre , quelle que soit la hauteur de celui-ci au-dessus de l'horizon. L'azimut, ainsi considéré , peut donc se compter jusqu'à 180 degrés, c'est-à-dire depuis le point *sud* jusqu'au point *nord ;* et si alors on longe l'horizon du côté de l'*est* , l'azimut s'appelle *oriental*; on le nomme *occidental* , si l'on passe par le point *ouest*. On a préféré d'adopter le point *sud* , comme point de départ pour compter l'arc azimutal d'un astre , parce qu'on est ordinairement tourné vers ce point dans les observations astronomiques.

C 4

Verticaux et horaires.

1.° Les *verticaux* sont des arcs partant du zénith de l'observateur et tombant perpendiculairement sur l'horizon, au-dessous duquel ils se prolongent indéfiniment, même jusqu'au nadir. On se sert des *verticaux* pour marquer les hauteurs des astres, parce que leur hauteur au-dessus de l'horizon n'est autre chose que l'arc du *vertical* compris entre l'astre et l'horizon. On s'en sert aussi pour indiquer l'azimut sur l'horizon.

2.° Les arcs *horaires* sont douze quadrants qui, partant des pôles du monde, viennent diviser l'équateur et les parallèles en 24 parties égales, de 15 degrés chacune, qui font les 24 heures du jour astronomique. Ces arcs sont de véritables méridiens.

Outre ces douze quadrants, il faut encore en imaginer une infinité d'autres pour déterminer les fractions d'heures, telles que les demi-heures, les quarts d'heure, les minutes, les secondes, etc.

C 5

Signes de l'écliptique.

1.° Les *signes* de l'écliptique, appelés communément *signes du Zodiaque*, sont douze portions égales qui partagent toute la longueur du cercle de l'écliptique, ayant par conséquent chacune 30 degrés.

Le premier et le septième de ces signes commencent aux nœuds du printemps et de l'automne, où l'équateur et l'écliptique se coupent mutuellement ; le quatrième et le neuvième, aux points solstitiaux de l'été et de l'hiver, où ces deux cercles s'écartent le plus. Tous ces signes constituent donc quatre séries chacune de trois signes, correspondant à chaque saison.

De tous ces douze signes, les six qui se trouvent placés sur la demi-circonférence septentrionale de l'écliptique, s'appellent ordinairement *septentrionaux ;* les six autres, attachés à la partie méridionale de ce cercle, se nomment *méridionaux.* Le soleil est un peu plus longtemps à parcourir les premiers que ceux-ci ; c'est pourquoi le printemps et l'été , pris ensemble, sont plus longs que l'automne et l'hiver ; la différence est d'environ sept jours. (Voyez à la fin de ce volume la table VIII, où sont rapportés ces signes avec leurs caractères distinctifs , les saisons auxquelles ils correspondent, le moment où chacun d'eux commence, etc.)

2.º Nous ferons ici, avec plusieurs auteurs, une observation assez intéressante ; c'est qu'on ne devrait plus conserver, comme on le fait encore, aux *signes* de l'écliptique , les mêmes dénominations qui sont données aux constellations zodiacales. Anciennement , environ trois siècles avant Jésus-Christ , ces *signes* et ces groupes d'étoiles correspondaient, il est vrai, aux mêmes points du ciel, et il était permis alors de confondre, sans erreur, les premiers avec les derniers, par les mêmes termes aussi bien que par les mêmes calculs ; mais aujourd'hui , il n'en est plus de même, et on peut dire que, par suite du déplacement dit de la *précession des équinoxes* , qui , pendant ce long intervalle , à raison d'un petit arc égal à 50 secondes 1 dixième, par an , a reporté depuis lors le point du *Bélier* à la place de celui des *Poissons* , ces *signes* sont loin de correspondre encore aux constellations du même nom. De là , il résulte nécessairement une confusion dans les termes, et cette confusion peut, à son tour, en amener une autre, si l'on n'y prenait garde, dans certains calculs qui ont rapport à l'écliptique. Ce serait donc mieux , selon nous , pour éviter de pareils inconvénients , de convenir que désormais on laissera aux constellations les noms usités, et que l'on adoptera, pour ceux des *signes* de l'écliptique , les noms si convenables donnés naguère à nos mois par la République française , de *Germinal* , *Floréal* , *Prairial* , etc. (Voyez la table VIII.)

A 2

Emploi des cercles pour assigner la place de chaque lieu sur la sphère.

1.º *Latitude*, 2.º *Longitude*.

B 1
Latitude.

La *latitude* d'un lieu est la distance qu'il y a , en partant de l'équateur, jusqu'à ce lieu, exprimée, non point en lieues, mais en degrés, minutes, secondes, etc.

Il y a donc la *latitude septentrionale* et la *latitude méridionale*.

La première est la *distance* à partir de l'équateur jusqu'à un lieu désigné, prise dans l'hémisphère nord; la seconde est la *distance*, à partir de l'équateur jusqu'à un lieu désigné, prise dans l'hémisphère sud. La première se marque par un N, et la seconde par un S. Ainsi, quand on dit que *Paris*, par exemple, a 48° 50′ N, cela signifie que cette ville est éloignée de l'équateur de 48 degrés 50 minutes, dans l'hémisphère nord. *Lille* a de latitude 50° 38′ 44″ N.

Il faut remarquer que la *latitude* se prend toujours en partant de l'équateur où l'on commence à compter 0°, et en allant vers les pôles où l'on compte 90°.

Il suit de là que les pays situés dans la ligne équatoriale n'ont aucune *latitude*, puisqu'ils se trouvent au point de départ; qu'au contraire, les deux pôles sont les deux points ayant la plus grande *latitude*, puisqu'ils sont les plus éloignés de l'équateur. Les pays qui tiennent le juste milieu, entre ce cercle et le pôle, ont une *latitude* de 45 degrés, et telles sont, dans l'hémisphère nord, les villes de *Bordeaux, Sarlat, Aurillac, Le Puy, Valence, Briançon, Turin, Casale, Plaisance, Mantoue, Rovigno, les Bouches du Pô;* en Asie, *Astracan, la Tartarie chinoise, la terre d'Yesso.* (Lallande.)

B 2

Longitude.

1.° *Manière de la compter,* 2.° *Observations.*

C 1

Manière de compter la longitude.

La *longitude* d'un lieu est la *distance* depuis le premier méridien jusqu'à ce lieu, comptée dans le sens de l'équateur ou des parallèles, et exprimée en degrés, minutes, secondes, etc.

Le *premier méridien* n'est qu'un méridien ordinaire qu'on a choisi à volonté, et duquel, comme du point de départ, on commence à compter dans le sens de l'équateur ou des parallèles, les *longitudes*. Le *premier méridien* a longtemps été, pour les Français, celui qui passe à l'île de Fer, la plus occidentale des Canaries (1). On comptait alors les *longitudes* d'Occident en Orient, à partir de cette île, et l'on pouvait ainsi aller jusqu'à 360, en faisant le tour entier du globe.

Mais depuis quelques années, les Français prennent pour *premier . méridien* celui qui passe par l'Observatoire de Paris, et en même temps ils distinguent deux sortes de *longitudes*, l'une *orientale*, l'autre *occidentale*, comptant ainsi de chaque côté de ce même méridien, la moitié de la circonférence du globe, c'est-à-dire jusqu'à 180° de *longitude*. La première se marque alors par un E (Est), et la seconde par un O (Ouest). Ainsi, l'on dira que *Lyon* par exemple, a *de longitude* 2° 30′ E, en comptant celle-ci du méridien de Paris.

Les nations étrangères (2), telles que l'Angleterre, l'Allemagne, etc., ont suivi cette méthode française, et ont adopté chacune un premier méridien qui passe par l'Observatoire de leur capitale ou de l'une de leurs principales villes; mais en cela, elles n'ont pas été plus sages que la France, et c'est ce que nous allons voir par les observations suivantes.

---

(1) Il avait plu à l'astronome Ptolomée et à ceux qui l'ont suivi, de faire passer le *premier méridien* par cette île, et cette position avait même été adoptée en France, d'après l'avis des plus habiles géographes, par une ordonnance de Louis XIII, roi de France, datée du 25 avril 1634. Plus tard cependant, l'Académie des Sciences de Paris commença à compter les longitudes en partant de l'Observatoire de cette capitale, à cause des nombreuses observations astronomiques qu'on y faisait continuellement; et c'est ce dernier méridien ou point de départ qui, à l'époque de la Révolution française, finit par être adopté, et qui depuis a continué d'être suivi par les géographes.

(2) Les Français prennent pour *premier méridien* celui de Paris, c'est-à-dire celui qui passe par le zénith de l'Observatoire de cette ville; de même les Allemands prennent celui de Vienne; les Espagnols celui de Cadix; les Hollandais celui de Batavia; les Anglais celui de Greenwich; les Suédois celui de Stockholm; les Portugais celui de Del-Corvo (une des îles de l'Océan atlantique nommées Açores); les Russes celui de Moscou, etc.

C 2

Observations.

Un *premier méridien* étant une fois fixé, par exemple pour la France, si l'on suppose, comme cela existe, qu'il y a, sur les côtés de ce méridien, une longitude *orientale* et une longitude *occidentale*, il faut nécessairement qu'en deçà et en delà de ce méridien prolongé jusque sous la terre, une date change, c'est-à-dire diminue ou augmente d'un jour selon que l'on traverse ce méridien inférieur en allant de l'est à l'ouest, ou de l'ouest vers l'est, puisque si le voyageur négligeait de faire alors ce changement à son calendrier, il s'ensuivrait que la date qui, après la traversée de cette ligne inférieure, continuerait d'être suivie, ne serait plus la même que celle qui est comptée en France, et par conséquent, serait fausse. Ceci a été senti par les voyageurs qui, naguère montés sur le vaisseau la *Vénus* et faisant le tour du monde, (1), durent traverser tantôt de l'est à l'ouest et tantôt de l'ouest vers l'est, le méridien inférieur de Paris : ils n'ont pas manqué, attentifs à cette observation, de diminuer, chaque jour, ou d'augmenter la date de leur calendrier ou plutôt du calendrier de Paris, persuadés que, sans cette précaution, leur date n'eût plus été celle de la France, et par conséquent, fut restée inexacte.

Laissons encore notre premier méridien fixé pour un lieu, soit, pour la France, et de plus, d'après l'usage reçu aujourd'hui, supposons qu'il passe par la capitale du royaume, ou par l'observatoire de Paris, que s'ensuit-il maintenant ? C'est que le méridien inférieur étant le prolongement de celui-là a nécessairement sa ligne tracée sur la surface du globe, et qu'il peut se faire, comme en effet il arrive à presque tous les *premiers méridiens*, qui se multiplient aujourd'hui autant que les royaumes, que, dans son trajet d'un pôle à l'autre sous la terre, il doive traverser un continent dans toute son étendue, et laisser ainsi, sur

---

(1) Voyez l'ouvrage intitulé : voyage autour du monde sur la frégate la *Vénus*, tome 10, pages 163, 175, 253.

toute la longueur de son passage, des royaumes, des villes, des villages même , de chaque côté de sa ligne : or, d'après ce qui a été dit plus haut , ne faut-il pas , dans ce cas, que deux royaumes, deux villes, peut-être même deux villages, ne comptent plus la même date , et soient , dans leur calendrier , en différence d'un jour , en plus d'un côté de ce méridien, en moins de l'autre ?

Certes, c'est déjà là un inconvénient grave , qui devrait suffire pour abandonner l'usage où sont aujourd'hui toutes les nations, de se choisir chacune un premier méridien , et qui devrait porter les savants à n'adopter , pour toute la terre, qu'un seul *premier méridien;* mais cet inconvénient n'est pas le seul. N'est-ce pas, en effet, encore la fixation du *premier méridien* à l'observatoire de Paris , qui se trouve accusable de l'erreur qui se remarque à *Taïti* et à *Manille* (1), dans le quantième du mois , où, chez l'un, la date du mois qui y est suivie, devance la nôtre d'un jour, tandis que chez l'autre , à Manille , elle est , au contraire , en arrière d'un jour sur la nôtre ? Les missionnaires qui sont allés porter dans ces pays le calendrier grégorien , n'ont pas eu la précaution de faire à leur date le changement voulu (2), et voilà ce qui en est résulté. (3)

Combien d'autres conséquences des plus bizarres peuvent encore résulter de la même cause , dans la célébration des fêtes , dans la récitation des offices canoniques , dans l'inscription des papiers , dans le compte-rendu des voyages , évènements, etc.

Il serait donc mieux d'établir un *premier méridien :* 1.º qui, dans toute son étendue, ne traversât aucun continent, afin de ne troubler chez les peuples ni leurs coutumes, ni leurs usages, ni leurs dates ; qui, par conséquent, fût placé au sein des mers , totalement en dehors des terres habitables; 2.º dont la fixation fût la même pour toutes les

---

(1) Annales de la propagation de la foi, tome 9, page 201.
(2) Annuaire des voyages et de la géographie pour l'an 1845, page 265.
(3) Cette imprécaution de la part des missionnaires n'était pas involontaire ; leur intention était de se conformer au méridien lithurgique, dont il sera parlé plus bas. L'inconvénient signalé n'était donc attribuable qu'à la fixation peu rationelle du premier méridien français.

nations et également commode à tous les habitants du globe ;
3.º dont la traversée imposât l'obligation de procéder à un
changement absolu de date, de corriger son calendrier, de
sauter, par conséquent, d'un office canonique à un autre,
n'importe à quelle heure et à quel moment du jour, suivant
que l'on marche vers l'ouest ou vers l'est, et cela sous peine
de porter avec soi un faux quantième, et de s'exposer à
toutes les conséquences qui en résultent ; 4.º sur lequel
enfin on comptât les longitudes depuis 0º jusqu'à 360º, afin
de ne trouver de différence d'un jour dans les dates que sous
la ligne même de ce méridien.

Or, un pareil méridien existe, c'est le méridien *lithur-*
gique. Il passe entre l'extrêmité occidentale du nouveau
continent ou de l'Amérique, et l'extrêmité orientale de l'an-
cien, c'est-à-dire de l'Asie, dans le détroit qui sépare ces
deux continents. Ce méridien se trouve donc à l'Occident
de Paris, à 17º 58′ 15″, sur le minime écart de 0º 7′ 47″,
à l'ouest des Antipodes de la capitale du catholicisme. Il
réunit tous les avantages dont nous venons de parler, plus
celui d'aller d'un pôle à l'autre, sans même traverser aucune des îles nombreuses de l'Océanie, laissant ainsi chacune de ces îles se rattacher par son méridien particulier à
l'un ou à l'autre des deux continents susdits.

A la fin de ce Traité, nous donnerons une table des différentes *latitudes* terrestres et *longitudes* comptées du méridien de Paris, des principaux lieux de la terre.

POINT 2

PORTIONS RÉSULTANT DE LA DIVISION DE LA SPHÈRE PAR LES CERCLES.

1.º *Hémisphères*, 2.º *Segments*, 3.º *Bandes*.

A 1

Hémisphères.

**1.º *Septentrional et Méridional*, 2.º *Oriental et Occidental*,
3.º *Supérieur et Inférieur*, 4.º *Éclairé et Nocturne*.**

Tous ces *hémisphères* résultent de la division de la sphère
par les grands cercles : les deux premiers se trouvent de

chaque côté du plan de l'équateur ou de l'écliptique ; les deux suivants, de chaque côté du plan du méridien ; les deux autres sont au-dessus et au-dessous du plan de l'horizon ; enfin les deux derniers renferment le plan du terminateur.

Quant aux *hémisphères* résultant de la division de la sphère par les colures, il n'est presque jamais besoin de les nommer, et d'ailleurs ils s'appelleraient comme ceux que produit le méridien, *hémisphères oriental* et *occidental*.

A 2

Segments.

Un *segment*, comme il est ici entendu, est une partie plus grande ou plus petite que la moitié de la sphère. Il n'y a que les parallèles et, en général, tous les petits cercles qui partagent la sphère en deux parties de cette nature, et des deux *segments* que chacun d'eux détermine dans la sphère par la coupe de son plan, l'un est toujours plus grand et l'autre toujours plus petit, à mesure que le parallèle est plus rapproché du pôle. L'horizon que nous avons appelé *visuel*, produit aussi deux parties de ce genre.

A 3

Bandes.

1.° *Zónes*, 2.° *Climats*.

B I

Zónes.

Les quatre petits cercles, c'est-à-dire les tropiques et les deux cercles polaires, partagent la terre en cinq parties qu'on appelle *zónes*. Celle de ces *zónes* qui se trouve au milieu et sur l'équateur, se nomme *torride*; les deux placées ensuite de part et d'autre, sont appelées *tempérées*, et les deux dernières, où sont les pôles, *glaciales*.

La *zóne torride*, ainsi appelée à cause des chaleurs excessives qui y règnent continuellement, est la partie comprise entre les deux tropiques ; elle s'étend de part et d'autre de l'équateur de **23° 28'**, et, par conséquent, a pour largeur totale **46° 56'**.

Dans cette *zône*, la végétation est plus riche, plus vigoureuse que dans les autres *zônes*.

Les *zônes tempérées* sont celles dont chacune se trouve placée entre un cercle tropique et un cercle polaire du même hémisphère : l'une, par conséquent, est *septentrionale ;* l'autre, *méridionale*. La largeur de chacune de ces *zônes* est de **42° 04'**.

Là encore on voit la végétation déployer beaucoup de beautés et de richesses ; mais elle y est bien inférieure à celle qu'on remarque dans la *zône torride*.

Les *zônes glaciales*, qu'on nomme ainsi à cause des froids rigoureux qui s'y font sentir et des glaces qu'on y voit pendant une grande partie de l'année, sont celles dont chacune se trouve située entre un cercle polaire et le pôle voisin. L'une est donc *septentrionale*, l'autre, *méridionale*. La largeur de chacune de ces *zônes* est, à partir du pôle, de **23° 28'**, c'est-à-dire égale à la distance qui sépare chaque tropique de l'équateur.

Dans ces régions, la végétation est languissante, on n'y trouve plus que des arbustes, des plantes rampantes et des mousses.

B 2

Climats.

À leur tour, les parallèles divisent la surface de la terre en parties qu'on appelle *climats*, et ceux-ci sont certaines bandes comprises entre deux parallèles, d'une largeur telle, qu'à la fin de chacune, le plus long jour a une demi-heure ou un mois de plus qu'au commencement. Par *jour*, on entend ici le temps pendant lequel le soleil paraît sur l'horizon, sans adjoindre à ce temps la durée du crépuscule.

Il suit de ce qui vient d'être dit qu'il y a deux sortes de climats : les *climats d'heure*, les *climats de mois*.

Comme les jours croissent successivement depuis l'équateur où ils sont de 12 heures seulement, jusqu'aux cercles polaires où ils sont de 24 heures, il s'ensuit qu'il y a 24 climats d'heures , de chaque côté de l'équateur, autant qu'il y a de demi-heures depuis 12 heures jusqu'à 24. Des cercles polaires aux pôles, les jours augmentent encore depuis 24 heures jusqu'à 6 mois , et c'est ce qui fait qu'il y a encore 6 climats de mois de chaque côté de l'équateur ; soit dans chaque hémisphère , 30 climats, et en tout 60 climats.

Il y a des géographes qui comptent les premiers climats de quarts d'heure en quarts d'heure, et les climats de mois, de 15 jours en 15 jours ; et dans ce cas , il y a 60 climats dans chaque hémisphère de la terre. Nous suivrons la première manière de compter les *climats*.

Les *climats* ne sont pas d'égales largeurs : ceux de demi-heures sont plus étroits à mesure qu'ils sont plus éloignés de l'équateur, et ceux de mois , au contraire, sont plus larges à mesure qu'ils sont plus proches des pôles.

On trouve à la fin de ce Traité un tableau de la largeur de chaque *climat* avec la différence de la durée du jour. Voyez table IV.)

N.° 4

Position de la sphère

1.° *Par rapport aux étoiles*, 2.° *Par rapport à nous*.

POINT 1

PAR RAPPORT AUX ÉTOILES.

La *sphère* ou la *terre* est posée dans l'espace de manière que son axe de rotation a un de ses pôles, celui du nord , dans le point polaire , près de l'étoile *Tramontane* , dont il a été parlé plus haut, et l'autre pôle , celui du sud, dans une étoile sextaire que l'on nomme *Delta* , de la constellation de l'*Octant*. Il a été dit que le premier de ces pôles est toujours visible pour nous , tandis que l'autre reste toujours invisible.

Nous avons vu aussi précédemment que l'écliptique a son pôle boréal situé à la tête du *Dragon*, près de l'étoile *Zeta*, et son pôle austral , près de l'oreille de *Dorado*.

Or, la terre, dans son mouvement de translation, c'est-à-dire dans le mouvement orbiculaire qu'elle exécute, en un an, autour du soleil, conserve toujours le parallélisme de son axe, et tient toujours, par conséquent, la même position par rapport aux étoiles susdites. C'est ce qui fait que pendant ce mouvement, c'est-à-dire dans le cours d'un an, elle présente successivement au soleil son hémisphère nord durant notre été, et son hémisphère sud durant notre hiver.

Dans ce que nous disons ici, nous faisons abstraction des légers mouvements de *nutation*, de *vacillation*, de *diminution*, etc. qui font bouger fort légèrement et dans des périodes longues, la direction de l'axe de la terre.

POINT 2

PAR RAPPORT A NOUS.

1.º *Sphère droite*, **2.º** *Sphère oblique*, **3.** *Sphère parallèle*.

Il est sur la sphère différentes positions dans chacune desquelles les habitants qui occupent sa surface, doivent voir varier les apparences, suivant le lieu où ils se trouvent.

Toutes les positions que peuvent avoir sur la surface du globe les hommes qui l'habitent, dépendent des diverses situations de leur horizon à l'égard de l'équateur, et peuvent en général se ramener aux trois principales qui viennent d'être indiquées.

1.º Ceux qui ont la *sphère droite* sont ceux dont l'horizon coupe l'équateur à angles droits, en passant par les pôles de celui-ci et par les pôles est et ouest du méridien. Ces habitants se trouvent donc sous l'équateur.

2.º Ceux qui ont la *sphère oblique* sont ceux dont l'horizon coupe l'équateur à angles obliques, en laissant d'un côté un pôle élevé, et de l'autre un pôle abaissé. Ces habitants se trouvent donc, dans l'un et l'autre hémisphères, depuis l'un des tropiques jusqu'au cercle polaire voisin.

3.º Ceux qui ont la *sphère parallèle* sont ceux dont l'horizon se confond avec l'équateur. Ces habitants se trouvent donc aux pôles.

N.º 5

Mouvements de la terre.

1.º *Rotation*, 2.º *Translation*.

POINT 1

ROTATION.

Ce mouvement de la terre consiste en ce qu'elle tourne sur son propre axe, d'Occident en Orient, en 24 heures, ou dans l'espace d'un jour astronomique ou solaire.

Le périmètre de la terre étant de 360 degrés, chacun de 25 lieues, il s'ensuit que la circonférence équatoriale n'a pas moins de 9,000 lieues (1) que parcourt en un jour chaque point de l'équateur, et qui, divisées par 24 heures, durée d'un jour, donnent, pour l'arc parcouru dans l'espace d'une heure, 375 lieues, et, dans l'espace d'une minute, 6 lieues 25 centièmes.

Il est facile de concevoir que cette vitesse diminue progressivement pour les points qui s'écartent de l'équateur, et devient nulle aux pôles. A la latitude de Lille, c'est-à-dire à 50° 38′ 44″, cette vitesse est, par jour, de 5,613 lieues 307 millièmes ; par heure, de 233 lieues 9 dixièmes, et par minute de 3 lieues 9 dixièmes.

Le mouvement de *rotation* de la terre occasionne : le *lever et le coucher* du soleil et des étoiles ; le *jour et la nuit*, *midi et minuit*, et le *crépuscule*.

POINT 2

TRANSLATION.

Le mouvement de *translation* est celui par lequel la terre est portée autour du soleil d'Occident en Orient (nous supposons ici que l'observateur est tourné du côté du soleil) et décrit en un an une ellipse autour de cet astre qui en occupe un des foyers.

Cette ellipse ne diffère pas beaucoup du cercle, n'ayant que $\frac{1}{592}$ de la distance moyenne de la terre au soleil, de

---

(1) En effet, 360 × 25 = 9,000.

différence entre son grand et son petit rayon, dont le moyen est de 35,317,200 lieues. (1)

---

(1) Ce nombre résulte de la solution d'un triangle dont j'ai établi les trois angles dans les centres du soleil, de la terre, de la lune. Ces trois angles sont représentés, le premier, par A ; le second, par B ; le troisième, par C ; et ont, pour côtés opposés, savoir : le premier, la distance de la lune à la terre ; le second, la distance de la lune au soleil ; le troisième, la distance de la terre au soleil. Je leur ai donné pour valeur : au premier, 8' 21" 0847, et (puisque les trois angles d'un triangle valent toujours ensemble 180°) aux deux autres ensemble 180° — 8' 21" 0847 = 179° 51' 38" 0253

La valeur de l'angle A n'est pas arbitraire, comme il sera dit plus bas, et quant à la valeur qui doit être donnée à chacun des deux autres angles, j'ai supposé, pour la déterminer, la lune au point de son ellipse où elle et la terre se trouvent par rapport au soleil, à une égale distance moyenne, et par-là j'ai pu donner une même valeur à chacun de ces deux angles, c'est-à-dire 179° 51' 38" 0253 divisé par 2 = 89° 55'49" 0126.

Connaissant donc alors les trois angles de mon triangle supposé, plus la longueur du côté opposé à l'angle A, c'est-à-dire la distance de la lune à la terre, distance que Herschel fait égale à 85,786 lieues, j'ai pu, avec ces données, trouver le côté A B, c'est-à-dire la distance de la terre au soleil, en faisant

Sin. A : BC = 85786 : : Sin. C : A B = 35,317,200.

Maintenant, j'en viens à la valeur de l'angle A, vrai point de difficulté, et je dis que, pour connaître cette valeur, il faut d'abord posséder les éléments suivants :

1.° La révolution synodique de la lune, laquelle est égale à 29 j. 53058912, ou 29 j. 12 h. 44' 2" 9.

2.° La révolution sidérale du même astre, qui est de 27 j. 32166088, ou 27 j. 7 h. 43' 4" 7.

3.° La différence de ces deux révolutions synodique et sidérale, qui est égale à 2 j. 20892825, ou 2 j. 5 h. 0' 51" 4.

4.° L'arc que décrit la lune en un jour dans son ellipse, lequel se trouve être de 13° 17635855, ou 13° 10' 34" 89.

Ensuite, muni de ces données, il faut opérer comme suit :

1.° Faire cette proportion, 1 j. : 13° 17635855 : : 2 j. 20892825 : x = 29° 10543063, ou 29° 10' 32" 35.

2.° Après avoir ajouté ce dernier résultat à 180° que parcourt la lune pendant une demi-révolution sidérale, afin d'avoir ainsi l'arc que parcourt ce satellite pendant une demi-révolution synodique, il faut diviser ce même résultat, c'est-à-dire 29° 10543063, par (180° + 29° 10543063), soit 209° 10543063, et il viendra au quotient l'angle cherché, égal à 8' 3514212, ou 8' 21"0847.

Je ne m'arrêterai pas à démontrer rigoureusement cette nouvelle méthode, ce n'est pas ici le lieu, et d'ailleurs cette démonstration me mènerait trop loin. Mais ceux qui voudront l'étudier ne tarderont pas à la comprendre et à en sentir toute l'exactitude, aussi bien que l'importance. Ils comprendront aussi que cette méthode est appelée à rendre de nombreux services à l'astronomie.

Ce mouvement n'est pas égal et uniforme dans tous les points de l'ellipse : il est plus rapide près du solstice d'hiver, plus lent près du solstice d'été ; il est de 1° 9' 9" 9'" dans le premier cas, et de 0° 57' 11" 5'" dans le second, ce qui fait une variation de 0° 5' 54" 25'" du mouvement moyen, à partir de la plus grande vitesse, jusqu'à la moindre.

Si l'on suppose que le mouvement de *translation* de la terre, comme nous le supposerons ici, est égal dans tous les points de son orbite, le calcul montre que cette planète parcourt, en un jour, 295,068 lieues ; par heure, 12,294 lieues ; par minute, 205 lieues.

C'est le mouvement de *translation* de la terre qui fait l'*année* et les *saisons*. C'est lui aussi qui cause *l'inégalité des jours et des nuits, des aurores et des crépuscules.*

N.° 6

Apparences de la sphère

1.° *Résultant de notre position*, 2.° *Résultant de ses mouvements*.

POINT 1

APPARENCES RÉSULTANT DE NOTRE POSITION

1.° *Sur la sphère droite*, 2.° *Sur la sphère oblique*, 3.° *Sur la sphère parallèle*.

A 1

Sur la sphère droite.

Ceux qui ont la sphère *droite :*

1.° Ont leur zénith et leur nadir dans l'équateur céleste ;

2.° Voient à leur horizon les deux pôles du monde, et, par conséquent, toutes les étoiles du ciel passer devant leurs yeux pendant la durée d'un jour ;

3.° Ont les jours de 12 heures pendant toute l'année, c'est-à-dire égaux aux nuits ;

4.° Voient le soleil passer, deux fois par an, à leur zénith, une fois le **21** mars et une seconde fois le **21** septembre, jours du printemps et de l'automne où le soleil se trouve justement dans l'équateur ;

5.° Ont deux étés, en ce que le soleil, en venant deux fois par an, à leur zénith, se trouve alors plus rapproché d'eux, que dans aucun autre moment de l'année. Par contre, ils ont aussi deux hivers, quoiqu'ils ne sentent pas les rigueurs du froid d'une manière aussi intense que dans nos contrées, puisqu'ils ont toujours le soleil plus près de leur zénith, que nous ne l'avons du nôtre, même pendant notre été.

6.° Le soleil est, par rapport à eux, du côté du nord, depuis le **21** mars jusqu'au **21** septembre ; et du côté du sud, depuis cette dernière époque jusqu'au **21** mars de l'année suivante.

7.° Lorsque le soleil décrit l'équateur, ce qui arrive vers le **21** mars et le **21** septembre, l'ombre des objets placés verticalement tend vers l'Occident avant midi, et vers l'Orient après midi. Il n'y a point d'ombre à midi précis, le soleil étant verticalement au-dessus de ces objets.

A 2

Sur la sphère oblique.

Ceux qui ont la sphère *oblique* :

1.° Ont un pôle élevé au-dessus de leur horizon, et l'autre pôle abaissé au-dessous de ce cercle d'autant de degrés qu'ils sont eux-mêmes éloignés de l'équateur ;

2.° Ont le jour d'autant plus long en été et d'autant plus court en hiver, à mesure qu'ils sont plus distants de l'équateur. Leur plus long jour est au **21** juin dans l'hémisphère nord, et leur plus court jour au **21** décembre. Dans l'hémisphère sud, c'est l'inverse : le plus long jour a lieu au **21** décembre, et le plus court au **21** juin. Dans l'un et l'autre hémisphères, les jours sont égaux aux nuits le **21** mars et le **21** septembre, époque où le soleil se trouve dans l'équateur ;

3.° Voient, dans l'hémisphère boréal, leurs jours décroître depuis le **21** juin jusqu'au **21** décembre, et croître, au contraire, depuis le **21** décembre jusqu'au **21** juin. C'est l'inverse dans l'hémisphère austral ;

4.º N'ont jamais le soleil vertical, mais toujours situé du même côté à midi. Ceux qui sont dans l'hémisphère nord, ont toujours, à midi, le soleil situé du côté du sud, et par conséquent leur ombre tournée vers le nord. C'est l'inverse pour ceux qui sont dans l'hémisphère sud ;

5.º Ont certaines étoiles toujours placées sur l'horizon : ce sont toutes celles dont la distance au pôle élevé est moindre que la hauteur de ce pôle. D'autres, au contraire, restent toujours sous l'horizon : ce sont celles qui sont moins éloignées du pôle abaissé que ce pôle ne l'est de l'horizon. Ainsi, par exemple, à la latitude de *Lille*, les étoiles qui ne sont pas distantes du pôle nord au-delà de 50º 38', sont toujours au-dessus de l'horizon sans jamais se coucher ni cesser d'être visibles, et celles qui sont moins éloignées du pôle sud que de 50º 38' ne se lèvent jamais et restent toujours invisibles.

A 3

Sur la sphère parallèle.

Les habitants qui ont la sphère *parallèle* :

1.º Ont l'élévation du pôle égale à 90º ; leur latitude est la même ;

2.º N'ont qu'un jour, qu'une nuit par an, l'un et l'autre de six mois. Dans l'hémisphère nord, le jour commence au **21** mars et finit au **21** septembre. Au contraire, dans l'hémisphère sud, le jour commence au **21** septembre et finit au **21** mars. Les crépuscules de part et d'autre durent deux mois, car ils commencent à paraître lorsque le soleil se trouve encore à **18º** au-dessous de l'horizon.

Il faut remarquer que les deux mois restants pendant lesquels il n'y a point de crépuscules, ne sont pas pour cela une nuit profonde et continuelle ; car la lune se montre pleine deux fois, et pendant quinze jours chaque fois. Il ne reste donc plus qu'un mois de ténèbres, et celles-ci sont encore tempérées par des météores, des étoiles filantes, et autres feux semblables qui sont fréquents dans ces régions.

3.º Le soleil tourne parallèlement à l'horizon dans l'espace de vingt-quatre heures.

4.º Les ombres tournent autour des objets dans le même espace de temps.

5.º Enfin, les étoiles ne se lèvent ni se couchent jamais, celles qui sont sur l'horizon y demeurant toujours, et celles qui sont dessous ne paraissant jamais.

POINT 2

APPARENCES RÉSULTANT DES MOUVEMENTS

1.º *De rotation*, 2.º *De translation*.

A 1

De rotation.

1.º *Lever et coucher*, 2.º *Jour et nuit*, 3.º *Midi et minuit*, 4.º *Aurore et crépuscule*.

B 1

Lever et coucher du soleil et des astres.

Un astre est dit *se lever*, quand, le matin, il paraît à l'orient, au-dessus de l'horizon ; et il est dit *se coucher* quand, le soir, il disparaît à l'occident, sous l'horizon.

Il est évident que le *lever* et le *coucher* du soleil et des astres sont des résultats du mouvement de rotation de la terre. Pour le démontrer, supposons un spectateur tourné vers le sud : si alors la terre tourne sur elle-même, c'est-à-dire si chaque point de l'équateur terrestre et de chaque parallèle exécute un mouvement de rotation dans le sens d'occident vers l'orient, il faut que ce spectateur voie tout le ciel entier avec toutes les étoiles qui y sont fixées, tourner dans le sens inverse, c'est-à-dire d'orient en occident ; et par conséquent que chaque étoile, après avoir fait le tour du ciel, vienne reparaître à l'horizon quand, le matin, le mouvement diurne a ramené son apparition à l'orient, et aille ensuite se replonger de nouveau sous l'horizon, lorsque, le soir, le même mouvement l'a reportée à l'occident. Or, c'est de cette manière que les choses ont lieu.

Les astronomes distinguent, pour les étoiles, le lever et le coucher *cosmiques ;* le lever et le coucher *acroniques ;* le lever et le coucher *héliaques.*

Le lever et le coucher *cosmiques* d'une étoile ont lieu quand cette étoile se lève ou se couche en même temps que le soleil se lève.

Au contraire, le lever et le coucher *acroniques* d'une étoile ont lieu quand cette étoile se lève ou se couche en même temps que le soleil se couche.

Le lever *héliaque* d'une étoile a lieu quand, sortant des rayons de la lumière solaire où elle était cachée, elle reparaît visible, et son coucher *héliaque* se fait quand, rentrant dans les rayons susdits, elle redevient invisible. Une étoile, dans le premier cas, se voit toujours environ une heure avant l'apparition du soleil ; et dans le second cas, une heure après que le soleil a disparu.

B 2
Jour et nuit.

Le *jour* et la *nuit* sont encore les résultats du mouvement de la rotation de la terre. Quand, pour chaque habitant du globe, le soleil se trouve au-dessus de son horizon dans l'hémisphère supérieur, il fait *jour* pour lui ; et quand, au contraire, le soleil, passé sous son horizon, se trouve dans l'hémisphère inférieur, il fait *nuit.*

On distingue plusieurs sortes de jours, savoir : le *jour naturel* et le *jour civil.* Le premier se subdivise en *jour sidéral* et en *jour astronomique.*

Le jour *naturel* est l'intervalle de temps qu'emploie le soleil à parcourir le cercle entier de l'équateur, ou plutôt que la terre emploie à faire une révolution sur elle-même.

Le jour *sidéral* est l'intervalle de temps écoulé entre deux passages d'une étoile au méridien ; sa durée est de vingt-trois heures, cinquante-six minutes, quatre secondes.

Le jour *astronomique* est l'intervalle de temps écoulé entre deux passages du soleil au méridien ; sa durée moyenne est de vingt-quatre heures.

Le jour astronomique peut, à son tour, être distingué en *jour moyen* et en *jour vrai.*

Le jour *moyen* est celui qui est supposé ne varier jamais

depuis le commencement de l'année jusqu'à la fin ; toujours composé de vingt-quatre heures pleines , il reste toujours égal à lui-même. Ce jour est celui que marquerait une horloge bien réglée dont la marche , parfaitement uniforme , ne se dérangerait point depuis le 1.er janvier jusqu'au 31 décembre.

Le jour *vrai* est celui qui a été défini , et qui varie en durée comme le retour du soleil au même méridien ; il est tantôt plus long , tantôt plus court que le jour *moyen*. La différence des jours *vrais* entre eux est occasionnée par le mouvement, non circulaire , mais elliptique de la terre autour du soleil , mouvement qui tantôt rapproche de cet astre et tantôt en éloigne notre planète, rendant ainsi variable l'arc que celle-ci décrit chaque jour dans l'écliptique. Le temps *vrai* et le temps *moyen* ne sont d'accord , dans le cours d'une année , que quatre fois , savoir : vers le 4 mars, le 15 juin, le 1.er septembre et le 24 décembre. Les plus grands écarts ont lieu vers le 11 février et le 31 octobre. (Voyez la Table IX.)

Le jour *civil* , ainsi appelé parce qu'il est accordé pour les usages ordinaires de la vie , est l'intervalle de temps qu'emploie le soleil à parcourir l'arc de l'équateur ou d'un parallèle, qui se trouve entre le point oriental où cet astre se lève, jusqu'au point occidental où il se couche.

Ce jour , sous l'équateur, est de douze heures. Il augmente successivement de durée d'une demi-heure à chaque climat , jusqu'aux cercles polaires , où il est de vingt-quatre heures ; et depuis ces derniers cercles , il augmente encore de durée, d'un mois à chaque climat, jusqu'aux pôles où il est de six mois. (Voyez la table IV.)

Il est à propos de faire ici quelques remarques concernant la durée du *jour civil* relativement à celle de la *nuit*. Les remarques qui vont être faites, regardent tous les pays.

On peut dire en général :

1.º Que la durée de la *nuit*, pour tous les lieux de la terre et pour toutes les époques de l'année, est toujours le complément du *jour civil* à vingt-quatre heures, sur le même parallèle. Si donc le soleil est sur l'horizon pendant quinze heures pour un lieu donné et une époque fixée, la *nuit* aura alors 24-15=9 heures de durée ;

2.° Que, pour un même parallèle, quelle que soit sa distance de l'équateur, les deux jours qui se trouvent également éloignés de l'un des solstices, ont une durée égale. Ainsi, le 1.er juin et le 10 juillet, dont l'un précède et l'autre suit le solstice d'été à la distance de vingt jours, ont la même durée; etc.

3.° Que deux jours, également distants de l'un des équinoxes, sont d'égale durée, chacun pour son parallèle et chacun pour une époque respectivement la même. Ainsi, sous le tropique d'été, le jour est égal, en durée, à celui qui a lieu, six mois plus tard, sous le tropique d'hiver; etc.

4.° Que si, pour un même parallèle, on choisit deux dates qui soient à égales distances de l'un des équinoxes, l'une de ces dates aura le jour d'une durée égale à la durée de la nuit de l'autre date, et réciproquement. Ainsi, par exemple, soit le 1.er mars et le 20 avril, dates également distantes de l'équinoxe du printemps : le jour du 1.er mars durera aussi longtemps que la nuit du 20 avril, et réciproquement.

B 3
Midi et minuit.

Il est midi pour un méridien supérieur, et par conséquent pour tous les peuples qui se trouvent sous ce méridien, quand le soleil, ayant décrit la moitié de son arc diurne, c'est-à-dire, ayant atteint le point juste du ciel qui se trouve entre son lever et son coucher, est arrivé au milieu du jour.

Il est au contraire minuit pour ce même méridien supérieur, et en même temps pour les habitants du globe qui s'y trouvent, quand le soleil, arrivé sous l'horizon, au méridien inférieur, a décrit la moitié de son arc nocturne.

On conçoit facilement que lorsqu'il est midi au méridien supérieur, il est minuit au méridien inférieur; qu'au contraire il est midi à ce dernier, quand il est minuit au premier.

B 4
Aurore et crépuscule.

Par l'un et l'autre de ces mots, on entend le temps pendant lequel les rayons solaires, réfléchis par l'atmosphère, répandent cette clarté douce et tranquille de *l'aurore* qu'on voit s'augmenter peu à peu, le matin, avant le lever du soleil, et du *crépuscule* qui diminue, le soir, quand le soleil est couché. On donne ordinairement le nom d'*aurore* à la clarté du matin, et celui de *crépuscule* à celle du soir. Quelquefois on désigne ces deux clartés sous la dénomination commune de *crépuscules*. Le premier commence et le second finit lorsque le soleil est au-dessous de l'horizon, à 18°.

La durée du *crépuscule* n'est pas toujours la même ; elle varie pour les différents lieux, et change pour un même lieu dans les différentes saisons. Cette variation dépend du temps que le soleil emploie à décrire l'intervalle compris entre le plan de l'horizon et le plan parallèle situé au-dessous à 18°.

Il faut bien remarquer, pour l'intelligence de ceci, que l'intervalle susdit de 18° doit se prendre, non point sur le cercle diurne que décrit le soleil dans un jour donné, mais bien sur un cercle vertical, c'est-à-dire sur un cercle qui est supposé partir du zénith et tomber perpendiculairement sur l'horizon et son parallèle. La durée du *crépuscule*, au contraire, se compte d'après le temps que met le soleil à parcourir, dans le cercle diurne qu'il décrit au jour donné, l'arc qui se trouve entre les deux plans susdits, arc qui devient plus oblique toujours à mesure qu'on se rapproche des pôles, par conséquent, qui devient toujours plus long, et demande toujours plus de temps pour être parcouru par le soleil, à raison de 15° par heure.

La durée du plus long *crépuscule* pour *Paris* est de toute la nuit ; celle du plus court est de 1 heure 50 minutes et a lieu le 3 mars et le 11 octobre.

A 2

De translation.

1.° *Année*, 2.° *Saisons*.

1.° On distingue trois sortes d'années, savoir : 1.° l'année *tropique* ; 2.° l'année *sidérale* ; 3.° l'année *anomalistique*.

L'année *tropique*, que l'on nomme aussi *année civile*, est l'intervalle de temps que met le soleil à revenir à l'équinoxe du printemps, c'est-à-dire au point où l'écliptique est coupé par l'équateur. Cette année, la plus courte, est de 365 jours, 5 heures, 48 minutes, 47 secondes 6,459, ou, en chiffres décimaux, de 365 jours 242,218,124.

L'année *sidérale* est l'intervalle de temps que met la terre à revenir, par rapport au soleil, vis-à-vis de la même étoile. La durée de cette année est de 365 jours, 6 heures, 9 minutes, 10 secondes 7,496, ou de 365 jours 256,374,417 ; elle excède la précédente du temps que la terre emploie à décrire l'arc de 50 secondes 1 dixième, dont le point *Bélier* recule vers l'orient, chaque année.

L'année *anomalistique* est l'intervalle que met la terre à revenir au point *aphélie* de son ellipse. Cette année se compose de 365 jours, 6 heures, 13 minutes, 54 secondes 665, ou de 365 jours 25,966,046.

2.º Par *saisons*, on entend quatre parties de l'année, savoir : 1.º le *Printemps*, qui commence au moment où le soleil arrive au point équinoxial du *Bélier* ; 2.º l'*Eté*, qui commence au moment où le soleil arrive au solstice du *Cancer* ; 3.º l'*Automne*, qui commence à l'équinoxe de la *Balance*, et 4.º l'*Hiver*, qui commence au solstice du *Capricorne*.

La durée de ces quatre saisons, dépendant de l'arc de l'orbite terrestre, qui n'est pas circulaire, mais elliptique, n'est pas la même pour chacune d'elles ; voici la durée de chacune de ces saisons :

Durée du Printemps..	92 jours	20 heures	59 minutes.
Durée de l'Eté......	93 —	14 —	13
Durée de l'Automne.	89 —	17 —	35
Durée de l'Hiver....	89 —	1 —	2

ARTICLE 2
Sphère céleste.

Par ce mot, il faut se représenter, non plus une masse solide semblable à la terre, mais cet immense espace vide qui semble circonscrit par la voûte des cieux, au-delà même des étoiles, et au centre duquel se trouve renfermé tout entier notre système solaire.

Par la *sphère céleste*, ou entend donc l'idée générale qu'on conçoit en considérant simultanément, dans l'immensité de l'univers, les cercles qui la divisent, les corps qui y figurent, les lois qui y régissent ces derniers, les phénomènes qui y sont produits.

Comme nous voulons nous borner à ne parler que de la sphère terrestre, nous nous abstiendrons de nous jeter sur le terrain de l'astronomie, renvoyant, pour ce qui concerne la question présente, à un traité du *système solaire*.

CHAPITRE 2

SPHÈRE ARTIFICIELLE.

1.º *Idée de cette sphère*, 2.º *Manière de la mouvoir*.

ARTICLE 1.er
Idée de cette sphère.

La sphère *artificielle* est un globe portant plusieurs cercles, au moyen duquel on peut représenter tous les mouvements de la sphère *réelle*, et expliquer les phénomènes qui en résultent.

Tous les cercles indiqués dans la sphère *artificielle* sont les mêmes que ceux qui sont employés dans la sphère *réelle*; seulement, pour les indiquer mieux, nous distinguerons ceux qui sont tracés sur le globe même, et ceux qui n'y adhèrent pas.

Les premiers sont : l'*équateur*, les *tropiques*, les *polaires*, les *parallèles*, auxquels il faut ajouter : l'*écliptique* et les *méridiens fixes*. Les autres sont : l'*horizon* et le *méridien mobile*.

L'*équateur* se trouve tracé au milieu du globe, à distances égales des pôles. Ce cercle est divisé en deux demi-circonférences portant chacune 180° qui servent à compter les longitudes des lieux terrestres.

Les *tropiques*, les *polaires* s'y trouvent pareillement inscrits, aussi bien qu'un certain nombre de parallèles qu'on a distancés de 10° en 10°.

L'*écliptique*, aussi ligné sur la surface du globe, y présente l'angle qu'il fait avec l'équateur, et ses nœuds équinoxiaux ou points de jonction avec ce dernier. L'écliptique est divisé en douze parties égales dont chacune , divisée en 30°, porte son signe zodiacal. C'est sur ce cercle qu'on trouve le parallèle que le soleil décrit dans chaque jour de l'année. L'écliptique, avec le concours du méridien mobile, fait trouver la déclinaison du soleil, et avec celui de l'équateur , indique son ascension droite.

Les méridiens fixes sont des lignes tracées également sur le globe, perpendiculairement à l'équateur , et aboutissant aux pôles. Celui de ces méridiens qui est adopté en France comme *premier ,* y est plus apparent et est divisé , comme l'équateur, en degrés. Les autres méridiens sont distants l'un de l'autre de 10°.

Le méridien mobile est ce cercle extérieur fixé aux pôles du globe, et dans lequel celui-ci peut exercer un libre mouvement de rotation. Ce méridien porte sur chacun de ses quadrants, des degrés qui commencent à 0° sous l'équateur et finissent à 90° sous les pôles. Sur le plan latéral du quadrant supérieur de ce cercle, on indique les climats tant de jours que de mois. C'est sous ce même cercle qu'on amène chaque lieu de la surface du globe pour en mesurer la latitude.

L'horizon est ce grand et large cercle adhérant au support du globe , entièrement détaché de celui-ci , et restant toujours immobile dans une position horizontale. Sur le plan latéral et visible de ce cercle, on peint les signes du zodiaque ou de l'écliptique et les douze mois de l'année , avec deux divisions dont l'une en 360 degrés , et l'autre en 365 jours. Les mois et les signes zodiacaux n'y sont pas placés vis-à-vis l'un de l'autre, parce que le soleil, parcourant l'écliptique , n'entre dans chaque signe que le 21 environ de chaque mois, le premier signe , le *Bélier ,* ne commençant lui-même qu'au 21 mars. Dans la division des jours , on trouve aussi qu'elle ne correspond pas exactement à celle des degrés , et cela vient de ce que les 365 jours de l'année sont plus nombreux que les degrés de la circonférence qui ne se montent qu'à 360.

On voit aussi, attaché au pôle nord , un petit *cadran* immobile divisé en deux séries de 12 heures , et surmonté

d'une aiguille fixée à l'axe du globe et mobile comme lui :
ce cadran sert à indiquer les heures de l'avant-midi et celles
de l'après-midi, et l'aiguille, après avoir reçu préalablement
la position nécessaire, vient y montrer l'heure, selon le
mouvement que l'on donne au globe.

ARTICLE 2

Manière de mouvoir la sphère artificielle.

Cette sphère est susceptible de deux mouvements : celui
de rotation de droite à gauche ou de gauche à droite sur
son axe ; et celui de l'élévation ou de l'abaissement de son
pôle.

Nous ferons remarquer que ce dernier est nécessaire
toutes les fois que l'on veut trouver la solution d'un problème à laquelle l'horizon du globe doit concourir.

Avant d'en venir à notre troisième partie, où nous devons
proposer tous les problèmes de sphère et en chercher la
solution au moyen du globe artificiel, il est bon d'expliquer
comment se fait une certaine opération qui se répète préalablement dans un grand nombre de cas, et qu'on appelle :
monter la sphère horizontalement pour un lieu donné.

Cette opération consiste en ce que l'on amène le lieu proposé au zénith du globe, de manière que l'horizon de celui-
ci devienne dans tous ses points à égale distance de ce même
lieu. Pour cela, je cherche la latitude de ce lieu ; par
exemple, de *Lille*, je la trouve sur le globe, égale à 50°
34′ 48″ ; j'élève le pôle d'autant sur l'horizon, et je place
Lille sous le grand méridien mobile. Il est clair alors que
Lille est au zénith du globe, et par conséquent également
éloigné de son horizon. C'est ainsi que *le globe est monté
horizontalement pour cette ville.*

TROISIÈME PARTIE.

PROBLÈMES A RÉSOUDRE.

*1.° Sans le globe, **2.°** Avec le globe.*

SECTION 1.re

PROBLÈMES A RÉSOUDRE SANS LE GLOBE.
1.° Solutions, 2.° Nomenclature.

CHAPITRE 1.ER

SOLUTIONS.

1.° Etant donné un cercle qui a pour diamètre 12 mètres : trouver la longueur de la circonférence, en poussant les chiffres jusqu'à la douzième décimale.

Le rapport du diamètre, poussé jusqu'à la douzième décimale, étant à la circonférence, comme 1:3,141592653589, je fais cette proportion :

$$1:3,141592653589::12:X = 37,699111843068.$$

2.° Etant donnée la circonférence d'un cercle, trouver la surface de ce cercle, en poussant le calcul jusqu'à la douzième décimale.

Supposons que la circonférence donnée ait, comme celle qui est supposée plus haut, 37,699111843068. La surface du cercle étant égale à la circonférence multipliée par la moitié du rayon ou le quart du diamètre, j'aurai, par conséquent :

$$37,699111843068 \times 3 = 112,097335529204.$$

3.° Etant donnée la surface d'un cercle , trouver celle de la sphère , en poussant les chiffres jusqu'à la douzième décimale.

La surface de la sphère étant le quadruple de celle du cercle , en supposant comme mise en problème la surface calculée plus haut , j'aurai :

$$112,097335529204 \times 4 = 448,389342116816.$$

4.° Etant donnée la surface d'une sphère , trouver son volume , en poussant le calcul jusqu'à la douzième décimale.

Le volume ou cube d'une sphère est égal , selon ce qui a été dit dans ce Traité, à la surface de cette sphère multipliée par le tiers du rayon. Donc, si nous proposons la surface susdite , nous trouverons :

$$448,389342116816 \times 4 = 1793,557368467264.$$

D'après ces trois problèmes , étant donnés les rayons terrestres indiqués dans la table qui se trouve ci-après , il est facile de calculer successivement le grand cercle, la surface, le volume , etc. , de la terre entière.

5.° Etant donnés des degrés , minutes , etc. , de la division ancienne ou sexagésimale , les convertir en grades , minutes , etc , de la division nouvelle ou centésimale.

Au moyen de la table 2 qui se trouve à la fin de ce Traité, la solution de ce problème est facile. Il suffit, en effet , pour ce qui est des degrés , de prendre les décimales correspondantes , au nombre desquelles on ajoute celles qui sont vis-à-vis des minutes , secondes, etc. Ainsi , soient donnés 4° $5'$ $6''$ $7'''$ sexagésimaux à convertir en centésimaux. Je prends les nombres correspondants à chacune des espèces proposées, et trouvant pour 4 degrés 4,444444, pour 5 minutes 0,092592, pour 6 secondes 0,001851, pour 7 tierces 0,000037, j'ai, pour total, 4,538924.

Si les degrés , minutes , etc. , proposés étaient exprimés par un nombre qui ne se trouvât pas exactement représenté dans la table, il suffirait de diviser celui-ci, et de prendre les sommes décimales correspondantes à ses facteurs. Ainsi , pour 25 degrés , on prendra 5 fois le nombre centésimal

3*

correspondant à 5 degrés, pour 15 minutes, on suppose 10 et 5 ou 3 fois 5, etc. Donc, pour 25° 15' j'aurai 5,555555 × 5 + 0,018518 = 27,833329.

6.° Étant données des lieues communes de 25 au degré, par exemple 12,5, les réduire en mètres et réciproquement.

Nous ferons remarquer qu'un degré, pris sous l'équateur, est, d'après la table ci-après, égal à 111277,5. Donc ce nombre divisé par 25, est égal à 4451,1 : c'est le nombre de mètres contenus dans une lieue. Mais le mètre légal, d'après ce qui a été dit au commencement de ce Traité, est égal à 443 lignes 296 millièmes. Or, ce dernier nombre, multiplié par le précédent, donne un produit égal à 1973154,8256 lignes, lequel divisé ensuite par 864 lignes contenues dans une toise, amène enfin 2283 toises 744011 millionièmes contenus dans une lieue. Maintenant, pour répondre au problème proposé, il me suffit de multiplier le nombre des lieues données, 12,5, par les toises contenues dans une lieue, c'est-à-dire 2283,7440111 ; puis, par les lignes contenues dans une toise, c'est-à-dire par 864, et de diviser le dernier produit par le nombre de lignes renfermées dans un mètre, c'est-à-dire 443,296. Ce calcul terminé, j'obtiendrai, pour les 12,5 lieues proposées, le nombre de 55,638 mètres 75 centièmes, justement la moitié du degré indiqué plus haut.

7.° S'orienter.

Il suffit de tourner le dos au soleil au moment du midi : on a alors le *nord* en face ; le *sud* par derrière ; l'*est* à droite ; l'*ouest* à gauche, etc. (Voyez la table 1.re aussi bien que ce qui a été dit au commencement de la première partie de ce Traité.)

8.° Trouver la méridienne d'un lieu.

Parmi toutes les méthodes qui existent de trouver la méridienne d'un lieu, il en est deux auxquelles nous nous arrêterons ; nous allons les expliquer successivement.

D'abord, on peut employer la méthode des *hauteurs correspondantes* ou des *ombres égales*, et voici en quoi elle consiste :

Sur un plan horizontal élevez verticalement un style, et

du pied de ce style pris comme centre , décrivez une circonférence sur la surface du plan. Exposez ensuite ce système au soleil, et, au moment, avant midi , où l'extrémité de l'ombre décroissante du style , projetée sur le plan , est devenue égale au rayon de la circonférence et touche à sa courbe, marquez sur celle-ci un point. Faites la même chose après midi , au moment où la même extrémité de l'ombre croissante sera devenue égale au rayon du même cercle , et marquez sur celui-ci un autre point. Ces deux points une fois connus, prenez entre eux le point milieu , et tirant alors une ligne du pied du style sur ce dernier point , vous aurez, dans la direction de cette ligne, celle de la *méridienne*.

La seconde méthode, dite d'*alignement du pôle*, est plus exacte et plus rigoureuse, elle est aussi plus avantageuse dans la pratique. Voici comme on peut l'employer.

Sachant que l'étoile polaire passe au méridien inférieur du lieu où l'on se trouve, 13 minutes après que l'étoile *Epsilon* de la Grande-Ourse (la première de la queue et la plus rapprochée du carré de cette constellation) a passé au méridien supérieur de ce même lieu , pour trouver alors le vrai point polaire, alignez d'abord *Tramontane* (l'étoile polaire) sur deux fils à plomb placés dans sa direction ; attendez ensuite que l'étoile susdite (celle de la queue de la Grande-Ourse) soit arrivée dans la direction des deux fils à plomb , et notez le moment précis du passage de cette dernière. Laissez encore passer celle-ci et continuer, pendant 13 minutes de temps, son mouvement vers la gauche ; et, aussitôt ce laps de temps écoulé, alignez de nouveau les deux fils à plomb sur l'étoile polaire : la direction horizontale de ces fils verticaux indiquera alors celle que doit avoir la méridienne cherchée.

9.° Etablir un instrument de passage.

Remarquez que, par ce mot , on entend un instrument qui accuse le moment précis où passent au méridien, le soleil et successivement tous les astres, quelle que soit la déclinaison de ceux-ci.

Or, pour établir un pareil instrument, procurez-vous un cercle, en laiton, par exemple, ou en fil de fer, dont la circonférence soit parfaitement parallèle à une surface plane ; suspendez ce cercle à un fil horizontal ou à tout autre objet qui permette à cet instrument de tenir une position verticale, et allignez la partie antérieure et la partie postérieure de sa circonférence sur l'étoile polaire, selon la méthode précédente. Quand le plan de ce cercle sera dans celui du méridien, vous pourrez alors, placé par-dessous, remarquer chaque étoile qui viendra successivement s'alligner avec le plan susdit, et ainsi tenir compte du moment de son passage par ce méridien du lieu.

Ce moyen permettrait de compter les ascensions droites de tous les astres, en observant la différence de temps que mettrait chacun d'eux à passer successivement au méridien, et en convertissant le temps en degrés, à raison de 15 degrés par heure.

CHAPITRE 2

NOMENCLATURE.

Cette nomenclature sera rapportée plus bas à la suite des solutions qui vont être données aux problèmes sur la sphère.

SECTION 2.e

PROBLÈMES A RÉSOUDRE AVEC LE GLOBE.

1.º Solutions, *2.º Nomenclature*.

CHAPITRE 1.ER

SOLUTIONS.

Tous les problèmes qui vont être exprimés et que l'on peut proposer sur la sphère, se ramènent en général aux suivants :

1.º *Situation des lieux et des habitants du globe ;*

2.º *Différences des heures ;*

3.º *Durée du jour ;*

4.º *Désignation des climats ;*

5.º *Place du soleil.*

ARTICLE 1.er

Situation des lieux et des habitants du globe.

10. Trouver la latitude soit septentrionale, soit méridionale d'un lieu, par exemple, de *Paris*, de *Montevideo*, etc.

Cherchez d'abord le lieu donné sur la sphère et amenez-le sous le méridien ; comptez ensuite les degrés sur ce même méridien, à partir de l'équateur jusqu'au lieu proposé : le nombre des degrés ainsi comptés indiquera la latitude de ce lieu. On dit alors que cette latitude est *septentrionale*, quand, en comptant les degrés du méridien, on va de l'équateur vers le pôle nord ; et au contraire, qu'elle est *méridionale*, quand on va de l'équateur vers le pôle sud. La latitude de *Paris*, ainsi cherchée, est *septentrionale*, et répond à 48° 50′ 13″ N : celle de *Montevideo* est *méridionale*, et répond à 34° 54′ 8″ S, etc.

11. Trouver tous les lieux de la terre qui ont la même latitude qu'un lieu donné, par exemple, *Bruxelles*.

Il suffit, pour résoudre ce problème, d'amener sous le méridien, le lieu donné, *Bruxelles*, et, après avoir noté sur ce méridien, le degré de latitude de ce lieu, de faire tourner le globe, remarquant sur celui-ci, à mesure qu'il tourne, tous les lieux placés sur le même parallèle, qui viennent successivement se présenter sous ce même degré du méridien. On trouve ainsi à la même latitude *Bruxelles*, *Gotha*, *Prague*, etc.

12. Trouver la longitude soit orientale, soit occidentale d'un lieu, par exemple, de *Siam*, de *Mexico*, etc.

Cherchez d'abord sur la sphère le lieu donné, et amenez-le sous le méridien ; comptez ensuite sur l'équateur les degrés depuis 0° du méridien de Paris jusqu'au degré qui se trouve sous le méridien en même temps que le lieu proposé : le nombre de ces degrés ainsi comptés, forme la longitude de ce lieu. On dit alors que cette longitude est *Est* ou *Ouest*, selon qu'elle se trouve à l'Est ou à l'Ouest du méridien de *Paris*. La longitude de *Siam* ainsi cherchée correspond à 98° 30′ 0″ E, et celle de *Mexico* à 101° 25′ 30″ O.

13. Trouver tous les lieux de la terre qui ont la même longitude qu'un lieu donné, par exemple, *Philadelphie*.

Faites comme dans le problème précédent, c'est-à-dire cherchez le lieu proposé et amenez sous le méridien le point de la surface du globe où ce lieu se trouve : tous les lieux, depuis un pôle jusqu'à l'autre, qui se trouveront alors sous ce méridien en même temps que le lieu proposé, sont tous ceux qui ont la même longitude que le lieu en question. De cette manière, on trouve que tous les lieux qui ont, du moins à très-peu près, la même longitude que *Philadelphie*, sont : *Pondichéry*, *Madras*, *Trinquemaloy*, etc.

14. Etant données la longitude, par exemple, 32° 51′ 15″ E, et la latitude, soit 31° 47′ 47″ N, d'un lieu inconnu, trouver ce lieu.

Cherchez d'abord sur l'équateur le degré donné de longitude, et placez-le sous le méridien ; comptez ensuite sur le méridien les degrés de la latitude proposée : le point du globe qui se trouvera alors sous ce dernier degré, sera le lieu cherché. Dans ce cas-ci, on trouve *Jérusalem*.

15. Trouver la distance de deux villes en mesure linéaire.

Ce problème, que la trigonométrie seule peut résoudre quand on veut employer le calcul, devient d'une extrême facilité par le moyen graphique que voici :

Prenez d'abord la distance des deux villes données, au moyen d'un compas ou d'une légère bande de papier ; portez ensuite ce compas ouvert ou cette bande de papier sur l'équateur du globe, et comptez le nombre de degrés qui y sont compris : chaque degré valant 25 lieues, la distance en question contiendra autant de fois ce nombre que vous aurez compté de degrés. Ainsi, si, au moyen d'un pareil instrument, je prends la distance de *Paris* à *Rome*, je trouve que ce compas ou ruban, porté sur l'équateur du globe, recouvre 169 degrés 8 dixièmes ; il y a par conséquent, de *Paris* à *Rome*, 424 lieues 5 dixièmes (1).

---

(1) Ceci s'entend en ligne droite, à quoi ordinairement on ajoute $\frac{1}{5}$ pour les sinuosités des routes.

16. Trouver les Antipodes d'un lieu , par exemple , de *Pékin*.

Cherchez d'abord le lieu sur la sphère et amenez-le sous le méridien ; ensuite notez sur celui-ci le degré de latitude auquel correspond ce lieu , et faites faire un demi-tour au globe ; comptez enfin la même latitude dans l'autre hémisphère , et notez le lieu qui correspond à cette latitude : ce dernier lieu trouvé est celui des Antipodes du lieu proposé. Les Antipodes de Pékin , cherchés de cette manière , tombent près de la terre de Feu , à l'extrémité de l'Amérique méridionale , à côté de l'île de la Madre-de-Dios.

17. Trouver les Antœciens de *Pékin*.

Après avoir cherché ce lieu sur le globe et l'avoir amené sous le méridien , comme précédemment , il suffit de compter , sans mouvoir le globe , la même latitude dans l'autre hémisphère , sous le même méridien supérieur. Le lieu correspondant au dernier degré de cette latitude , est celui des Antœciens du lieu proposé. Ceux de Pékin se trouvent dans le grand Océan méridional, du côté de la Nouvelle-Hollande.

18. Trouver les Périœciens de *Pékin*.

La solution de ce problème est la même que celle du précédent ; seulement, au lieu de compter la même latitude dans l'autre hémisphère, il faut la prendre dans le même , sous le même méridien inférieur , et sur le même parallèle. On trouve ainsi que les Périœciens de Pékin tombent dans le Canada, tout près de l'île d'Anticosti , à l'embouchure du fleuve Saint-Laurent.

ARTICLE 2

Différence d'heures.

19. Trouver l'heure qu'il est à *Jérusalem* , quand il est neuf heures du soir à *Rome*.

Cherchez d'abord, sur la sphère, les deux lieux proposés, savoir : *Rome* et *Jérusalem* , et amenez sous le méridien celui des deux dont l'heure n'est pas connue, c'est-à-dire *Jérusalem ;* mettez ensuite l'aiguille du cadran sur l'heure connue, c'est-à-dire sur neuf heures du soir, et faites tourner le globe jusqu'à ce que l'autre lieu, c'est-à-dire *Rome*, arrive sous le méridien ; voyez alors l'heure que marque l'aiguille sur le cadran : c'est l'heure cherchée pour *Jérusalem* On trouve ainsi dix heures, trente minutes du soir.

Il est encore un autre moyen, peut-être plus expéditif et certainement plus exact de résoudre ce problème, c'est celui employé dans la solution suivante.

20. Étant donnés deux lieux, par exemple, *Lima* et *Amsterdam*, avec leurs longitudes qui sont, pour la première ville, de 79° 27′ 45″ O, et pour la seconde ville, de 2° 32′ 54″ E, trouver la différence de leurs heures.

Si les longitudes données sont de même espèce, c'est-à-dire si elles sont toutes deux orientales ou toutes deux occidentales, relativement au méridien de Paris, alors il faut soustraire la plus petite de la plus grande, et prendre le reste. Si ces deux longitudes sont de différentes espèces, c'est-à-dire si elles sont l'une orientale et l'autre occidentale, relativement au premier méridien du pays, il est nécessaire, dans ce cas, de les additionner ensemble et de prendre leur somme. Ce résultat obtenu, réduisez-en le nombre de degrés, minutes, secondes, en temps à raison de 15 degrés par heure, et le quotient sera la différence cherchée dont devra avancer l'heure du lieu le plus rapproché de l'est sur celle du lieu le plus proche de l'ouest. Dans le problème actuel, on a 79° 27′ 45″ + 2° 32′ 54″ = 82° 00′ 39″ : or, ce dernier, réduit en temps, amène 5 heures, 28 minutes, 2 secondes, et c'est ce dont l'heure d'*Amsterdam* doit avancer sur celle de *Lima*. Ainsi, quand il est midi à *Lima*, il est à *Amsterdam* 5 heures 1/2 du soir.

21. Étant donnés un lieu, soit *Lima*, avec sa longitude, plus la latitude d'un autre endroit inconnu, et la différence d'heures entre ces deux lieux, trouver cet endroit inconnu.

Ce problème peut être résolu par ce qui est dit dans la solution du problème précédent, dont il est une modification.

ARTICLE 3

Durée du jour.

22. Trouver la durée du plus long jour pour *Vienne*.

Montez d'abord la sphère horizontalement pour ce lieu, et amenez le solstice d'été à l'horizon vers l'*est* ou l'*ouest*, à volonté; notez ensuite sur l'équateur le degré où vient correspondre celui du méridien qui, passant au point solstitial, traverse l'horizon au même endroit où aboutit lui-même le point du solstice, et comptez alors les degrés de l'équateur depuis le degré ainsi noté jusqu'au grand méridien du globe; réduisez enfin cet arc de l'équateur en temps à raison de 15° par heure : ces heures, ainsi trouvées, seront la moitié du plus long jour pour le lieu proposé. On trouve ainsi que la durée du plus long jour pour *Vienne* est de 15 heures, 54 minutes.

23. Trouver la durée de la plus longue nuit pour *Vienne*.

La durée de la plus longue nuit pour un lieu quelconque étant égale à celle du plus long jour pour ce même lieu, il suffit de chercher, d'après la marche qui vient d'être donnée, la durée du plus long jour pour le lieu proposé, on aura par-là celle de la plus longue nuit.

Ou bien encore, cherchez d'abord la durée du plus court jour pour le lieu donné, soit *Vienne*, selon la méthode du problème précédent; ensuite, la durée du plus court jour étant connu, ôtez-la de 24 heures; le reste indiquera la durée cherchée de la plus longue nuit pour *Vienne*. C'est ainsi que l'on trouve cette durée égale à 15 heures, 54 minutes.

24. Trouver la durée du jour, au 15 avril, pour *Londres*.

Montez d'abord la sphère pour *Londres*; ensuite voyez sur l'horizon du globe à quel degré de l'écliptique répond le 15 avril (24 du Bélier), et cherchez, sur le globe, le parallèle qui passe par ce degré de l'écliptique; comptez enfin la longueur de l'arc diurne, et réduisez-en les degrés en temps : ce résultat indiquera la durée cherchée du jour. On trouve ainsi 12 heures, 58 minutes.

25. Trouver le lieu de la terre où, le 15 avril, la durée du jour est de 12 heures , **58** minutes.

Ce problème, qui n'est qu'une modification du précédent, peut se résoudre facilement, si l'on a compris la marche qui vient d'y être suivie.

26. Trouver le jour de l'an où, à *Londres* , le jour dure 12 heures , 58 minutes.

Cet autre problème, aussi modification du précédent, a sa solution directe dans celle des problèmes suivants.

27. Trouver les deux jours de l'année qui, pour *Londres*, ont une durée de 13 heures.

Multipliez d'abord 13 heures par 15 degrés que parcourt le soleil en une heure, pour avoir la longueur de l'arc diurne de ce jour-là, et prenez la moitié du produit, moitié qui est ici égale à 97 degrés, 30 minutes ; ensuite montez la sphère pour *Londres*, et cherchez le parallèle qui, depuis le méridien jusqu'à l'horizon, présente un arc égal à la moitié susdite, c'est-à-dire à 97 degrés, 30 minutes ; voyez enfin sur l'écliptique les deux degrés sur lesquels passe ce parallèle, et cherchez à quels jours de l'année répondent ces degrés ainsi trouvés de l'écliptique (1) ; ces deux jours sont ceux que l'on cherche. Ici on trouve le 25 avril et le 26 août.

28. Trouver le parallèle où, le 20 mai, le jour offre une durée de 15 heures.

D'abord, réduisez les 15 heures en degrés à raison de 15 degrés par heure , pour obtenir l'arc diurne qui est ici de 225 degrés dont la moitié est égale à 112 degrés 30 minutes ; prenez ensuite, sur l'écliptique, le degré qui correspond au 20 mai (c'est le 29 du Taureau), et menez ce degré à l'horizon, ayant soin de monter en même temps le pôle de la sphère assez doucement jusqu'à ce que, entre le méridien et le degré ainsi placé à l'horizon, vous comptiez, sur le parallèle qui passe par le degré susdit de l'écliptique

---

(1) Ayant trouvé un jour de 15 heures pour Londres , on peut aussi trouver l'autre jour par ce qui est dit à la troisième observation, page 50.

du 20 mai, un arc semi-diurne de 112 degrés, 30 minutes ; voyez enfin pour quel parallèle la sphère se trouve alors montée horizontalement : c'est le parallèle cherché. Tous les lieux qui se trouveront placés sur ce parallèle auront donc . le 20 mai, un jour de 15 heures. Ce parallèle a , dans le cas présent, une latitude égale à 48° 23' 22 N ; *Brest* s'y trouve placé.

29. Trouver la latitude du parallèle, où le plus long jour est de 18 heures (1).

Réduisez d'abord les 18 heures en degrés, à raison de 15 degrés par heure (le calcul donne 270 degrés), et amenez le solstice d'été sous le méridien ; élevez ensuite le pôle jusqu'à ce que le tropique présente, au-dessus de l'horizon, un arc diurne de 270 degrés, savoir 135 depuis le méridien jusqu'à l'est, et 135 degrés depuis le même méridien jusqu'à l'ouest ; voyez enfin de combien de degrés le pôle se trouve alors élevé, c'est-à-dire pour quel degré de latitude la sphère se trouve montée horizontalement : ce degré indiquera la latitude du parallèle cherché. Ici on trouve 58° 25' N. Si alors vous prenez tous les lieux qui ont une latitude égale à cette élévation, ou qui se trouvent sur le parallèle passant ainsi par le point culminant de la sphère, vous aurez tous les lieux qui ont le plus long jour égal à 18 heures. *Tobolsk*, en Russie, est dans ce cas.

On peut résoudre ce problème sans cette opération, en consultant simplement la Table IV ci-après, où sont indiqués les climats.

30. Trouver la latitude du parallèle, où la plus courte nuit est de 4 heures.

Si l'on ôte de 24 heures , durée du jour entier , les 4 heures données de la nuit , il reste 20 heures (2) , pendant

---

(1) Ce problème, le même, quant au fond, que le précédent, a été ici rapporté par la seule raison qu'on y veut connaître la durée du plus long jour, tandis que, dans le premier, on cherche la durée d'un jour quelconque pris dans le cours de l'an. Le but qu'on a en vue, est de mieux faire comprendre la marche qu'il faut suivre toutes les fois qu'il s'agit de trouver la durée du jour.

(2) Voyez la première observation de la page 49.

lesquelles le soleil reste sur l'horizon. On peut donc résoudre ce problème comme celui qui précède , en supposant que l'on cherche la latitude où le plus long jour est de 20 heures. Cette latitude est de **63° 20′**.

31. Trouver la durée du plus long jour de mois à la latitude 80°.

Montez d'abord la sphère horizontalement pour le degré donné , et amenez le solstice d'été sous le méridien ; voyez ensuite quel est le parallèle qui effleure , sous le pôle , le cercle de l'horizon : comptez enfin , sur l'écliptique , les signes et les degrés qui se trouvent , de part et d'autre du solstice , jusqu'à la rencontre de ce parallèle : autant vous aurez alors de signes , autant vous aurez de mois de la durée cherchée, avec autant de jours en plus qu'il y aura de degrés en sus des signes. On trouve ainsi que le jour de mois dont il s'agit, dure 4 mois 12 jours 6 heures.

Vous pouvez encore trouver , très-approximativement du moins , la solution de ce problème, en regardant , sur le méridien du globe , les divisions des climats , ou bien à la Table IV ci-après.

32. Trouver la durée de la plus longue nuit de mois à la latitude 80°.

Il suffit de chercher la durée du plus long jour de mois pour cette latitude , selon la marche indiquée dans la solution du problème précédent , et, les plus longues nuits étant égales , en durée , aux plus longs jours pour un même lieu (1), on aura, par-là même, la durée de celles-là , en connaissant la durée de ceux-ci.

33. Trouver la latitude du parallèle où le plus long jour de mois est de 5 mois.

Réduisez d'abord ces 5 mois en degrés à raison de 30 degrés par mois , et notez , sur l'écliptique , les deux points qui , également éloignés du solstice d'été , comprennent entre eux un arc égal au nombre des degrés trouvés ; amenez ensuite ce solstice sous le méridien , et élevez en même

---

(1) D'après la quatrième observation qui se trouve à la page 50.

temps le pôle graduellement jusqu'à ce que le parallèle qui passe par les deux points susdits de l'écliptique, effleure l'horizon à l'endroit le plus rapproché qui se trouve sous le pôle ; enfin voyez la hauteur du pôle ou la latitude pour laquelle la sphère se trouve montée alors horizontalement : c'est la latitude cherchée. Cette latitude est pour le cas présent, égale à 84° 5′ 3″

Vous pouvez encore consulter la table IV ci-après des climats.

34. Trouver la latitude du parallèle où la plus longue nuit de mois est de 5 mois.

On emploiera la solution du problème précédent, et comme, pour un même parallèle, la plus longue nuit est égale, en durée, au plus long jour, on aura, par-là même, la solution cherchée du présent problème.

35. Trouver la durée de l'aurore et du crépuscule pour un lieu donné, par exemple *Lyon*, et pour un jour fixé, soit le 7 octobre.

D'abord, montez la sphère horizontalement pour *Lyon*, et, ayant cherché à quel signe et à quel degré de l'écliptique correspond le 7 octobre (c'est au 14.ᵉ de la Balance), amenez ce degré de l'écliptique sous le méridien, mettant en même temps l'aiguille du cadran sur 12 heures ; tournez ensuite le globe, faisant venir ce même degré de l'écliptique vers l'est sur l'horizon, et observez qu'alors l'aiguille marque 6 heures, 30 minutes pour le moment du lever du soleil ; enfin, tournez encore le globe et faites descendre ce même degré de l'écliptique à 18 degrés sous l'horizon, observant de mesurer l'arc de ces 18 degrés, non point sur le parallèle, mais sur le vertical qui est supposé partir du zénith du globe, et tomber perpendiculairement sur l'horizon ; et alors l'aiguille du cadran marquera 4 heures, 38 minutes : la différence entre cette dernière heure et celle du lever trouvée plus haut, est la durée cherchée de l'aurore. Dans le cas présent, on a 6 h. 30 m. — 4 h. 38 m., c'est-à-dire 1 h. 52 m. pour la durée de l'aurore, le 7 octobre, à *Lyon*.

Quant à la durée du crépuscule, elle est la même que celle de l'aurore ; et ainsi, celle-ci étant connue, l'autre l'est aussi. D'ailleurs on peut répéter la même opération que ci-dessus, en menant le degré susdit de l'écliptique où se trouve le soleil le 7 octobre, du côté de l'occident du globe.

ARTICLE 4
Désignation des climats.

36. Trouver la latitude des parallèles où commence chaque climat d'heure.

La solution de ce problème a beaucoup d'analogie avec celle du problème 34. Il suffit, en effet, comme dans cette dernière, de chercher, par le problème 24, la latitude du parallèle où le plus long jour dure 12 heures, 30 minutes; puis, celle du parallèle où la durée du plus long jour est de 13 heures; ainsi de suite.

On peut encore trouver ces parallèles tous ensemble et même sans aucune opération, en les regardant aux divisions des climats indiquées sur le plan latéral du méridien.

37. Trouver la latitude des parallèles où commence chaque climat de mois.

Amenez d'abord le solstice d'été sous le méridien, et élevez en même temps le pôle jusqu'à ce que le parallèle de ce solstice, c'est-à-dire le tropique, touche, effleure l'horizon au point nord, où ce dernier cercle est coupé par le méridien; voyez alors la hauteur du pôle ou bien la latitude pour laquelle la sphère se trouve montée : c'est la latitude du parallèle où commence le premier climat de mois. Cette latitude est égale à 66° 28′ 31″ 8‴.

Pour trouver ensuite la latitude du parallèle où commence le second climat de mois, l'on peut employer un procédé analogue à celui du problème 33. En effet, d'abord comptez sur l'écliptique, à partir du solstice d'été, 15 degrés, autant que le soleil parcourt en un mois. Il faut remarquer ici que chaque degré de l'écliptique, considéré comme déclinaison, occupe le soleil pendant deux fois le temps que cet astre met à le parcourir, parce que le soleil doit le traverser en allant vers le solstice et en revenant vers l'équateur; c'est pourquoi 15 degrés équivalent à un mois. Arrivé au 15.ᵉ degré de l'écliptique, à partir du solstice, comme nous venons de dire , comptez ensuite la distance qu'il y a de ce degré ainsi trouvé jusqu'au tropique (vous trouverez ici 51 minutes) ; enfin, faites venir ce 15.ᵉ degré de l'écliptique effleurer l'horizon sous le méridien, vers le pôle nord, comme vous avez fait tout-à-l'heure pour le tropique, et alors la sphère se trouvera montée horizontalement pour le parallèle où finit le premier climat et où commence le second de mois. La même opération répétée pour le 30.ᵉ degré de l'écliptique , amènerait le parallèle où finit le second climat et où commence le troisième ; ainsi de suite.

On peut s'exempter de cette opération un peu difficile , en consultant la table IV , qui se trouve ci-après , ou simplement en jetant les yeux sur le plan latéral du méridien mobile, où ces parallèles sont indiqués.

38. Trouver à quel climat d'heure appartient le parallèle qui se trouve à la latitude 50°.

Une première méthode de résoudre ce problème , consiste à chercher, par le problème 22 , la durée du plus long jour pour le degré 50, et c'est cette durée qui fera reconnaître à quel climat appartient le degré susdit. Le parallèle qui passe au degré 50 tombe dans le climat 9.

Par une seconde méthode beaucoup plus rapide, on amènera le degré donné sous le méridien et on verra de suite sur le plan latéral de celui-ci à quel climat il appartient.

Enfin, on peut aussi consulter la table IV ci-après.

39. Trouver à quel climat de mois appartient le parallèle qui se trouve à la latitude 80°.

On peut résoudre ce problème très-facilement, soit encore au moyen de la table IV, qui se trouve ci-après ; ou bien en amenant le degré 80 sous le climat correspondant , qui se trouve inscrit sur le plan latéral du méridien. Ou bien encore, cherchez, par le problème 31, la durée du plus long jour pour la latitude 80°, et, par-là même, vous verrez à quel climat appartient ce jour, ou le parallèle qui produit ce jour.

40. Trouver, l'une après l'autre , la largeur de chaque climat d'heure.

Cherchez d'abord , par le problème 24 , la latitude pour

un jour de 12 heures, ensuite celle pour un jour de 12 heures, 30 minutes, et prenez la différence des deux latitudes : c'est la largeur du premier climat ; faites ensuite la même chose pour trouver la deuxième, la troisième, etc.

On peut encore trouver ces largeurs d'une manière bien plus expéditive, en comptant les degrés qu'interceptent entre eux les climats qui sont indiqués sur le plan latéral du méridien.

Enfin, voyez la table IV ci-après.

41. Trouver, l'une après l'autre, la largeur de chaque climat de mois.

Voyez ces largeurs à la table IV ou sur le plan latéral du méridien du globe, ou bien encore cherchez d'abord, par le problème 31, le degré de latitude où commence le premier climat de mois, puis celui où commence le climat suivant, c'est-à-dire celui où le jour dure deux mois ; prenez enfin la différence des deux latitudes : c'est la largeur du premier climat. Faites-en autant pour connaître le climat suivant.

ARTICLE 5

Place du soleil.

§ 1.er

Ascension droite et déclinaison.

42. Trouver l'ascension droite du soleil pour le 5 octobre.

Cherchez d'abord à quel degré de l'écliptique correspond le jour donné (le 5 octobre correspond au 14 de la Balance); ensuite, de ce degré trouvé sur l'écliptique, descendez, en suivant le méridien qui y passe, jusque sur l'équateur : le degré de ce dernier cercle où vous viendrez alors tomber, compté depuis l'équinoxe du printemps, indiquera l'ascension droite cherchée du soleil. On trouve ainsi que le 5 octobre, ou, sur l'écliptique, le 14 de la Balance, correspond, sur l'équateur, à 193° 30' : c'est l'ascension droite du soleil pour ce jour-là.

43. Trouver le jour où le soleil a 40 degrés d'ascension droite.

Ce problème est l'inverse du précédent. Cherchez les 40 degrés sur l'équateur ; de là remontez, en longeant le méridien, sur l'écliptique, pour y trouver le degré correspondant, et voyez à quel jour de l'an correspond ce degré. Ici c'est le 2 mai.

44. Trouver la déclinaison du soleil pour le 8 septembre.

Voyez d'abord à quel degré de l'écliptique répond le 8 septembre, et amenez ce degré de l'écliptique sous le méridien ; comptez ensuite sur ce dernier les degrés qui se trouvent entre ce point de l'écliptique et l'équateur : le nombre de ces degrés donne la déclinaison cherchée. Dans le cas proposé, la déclinaison du soleil est australe et égale à 5° 57'.

45. Trouver les deux jours de l'année où arrive la déclinaison septentrionale du soleil, égale à 23°.

Comptez d'abord, à partir de l'équateur, ce nombre de degrés sur le méridien, et faites tourner le globe doucement jusqu'à ce que l'écliptique rencontre, de part et d'autre du solstice, le dernier de ces degrés du méridien ; notez ensuite les deux degrés de l'écliptique où se fait cette rencontre, et voyez à quels jours correspondent ces deux degrés de l'écliptique : ce sont ceux que l'on cherche. Ici ces deux jours arrivent le 10 juin et le 2 juillet.

§ 2

Longitude et latitude du soleil.

46. Trouver la longitude du soleil pour le 8 septembre.

On cherchera sur l'écliptique le degré qui correspond au 8 septembre, en partant du signe *Bélier* : c'est la longitude cherchée. De cette manière, on trouve le 17.e degré du 6.e signe, c'est-à-dire du signe la *Vierge*, et, par conséquent, on a $30° \times 5 + 17 = 167°$ de longitude.

47. Trouver le jour de l'année où la longitude du soleil est de 18°.

On comptera un arc 18° sur l'écliptique, à partir du point

équinoxial du printemps , puis on s'assurera du signe et du degré de ce signe auquel cet arc correspond. Ici c'est le 9 avril.

48. Etant donnée l'ascension droite du soleil, par exemple , 57° 30′ : trouver sa longitude.

L'ascension droite donnée étant comptée sur l'équateur, partez du 57.e degré 30′ de ce cercle et suivez celui des méridiens qui y passe , jusque sur l'écliptique : le degré que vous rencontrerez sur ce dernier, compté à partir de l'équinoxe du printemps, sera la longitude cherchée. La longitude en question est égale à 59° 30′.

49. Etant données la déclinaison du soleil, plus la saison de l'année, trouver sa longitude.

Supposons que la déclinaison soit égale à 20° et que la saison soit le printemps : en cherchant celui du méridien dont l'arc intercepté entre l'équateur et l'écliptique est égal à 20°, je trouve que sur l'équateur, cet arc répond à 60° et sur l'écliptique à 59° 30′ : ce dernier arc est la longitude cherchée.

§ 3

Hauteur méridienne, hauteur horizontale du soleil.

50. Trouver la hauteur méridienne du soleil pour un jour donné, par exemple, le 8 septembre, relativement à un lieu proposé, soit *Paris*.

La hauteur méridienne du soleil, pour un lieu donné, étant égale au complément de la latitude de ce lieu, plus la déclinaison du soleil, si cette déclinaison a lieu dans le même hémisphère, ou moins cette déclinaison, si celle-ci a lieu dans l'autre hémisphère, il s'ensuit que, *Paris* ayant de latitude boréale 48° 50′ 49″ dont le complément est 90 — 48° 50′ 49″ = 41° 9′ 11″, et le soleil ayant, au 8 septembre, de déclinaison boréale 5° 39′, il s'ensuit, dis-je, que la hauteur méridienne cherchée est égale à 41° 9′ 11″ + 5° 39′ = 46° 48′ 11″.

51. Trouver les deux jours de l'année où le soleil a 40 degrés de hauteur méridienne pour *Moscow*.

Si j'ôte de la latitude de *Moscow* les degrés donnés,

j'aurai 90° — 55° 45′ 13″ = 34° 14′ 47″ pour le complément de la latitude de *Moscow* ; puis, j'aurai 40°—34° 14′ 47″ = 5° 45′ 13″ : c'est la déclinaison que le soleil doit avoir aux deux jours cherchés. Or, je cherche ces deux jours par le problème 44, et je trouve le 4 avril et le 8 septembre.

52. Trouver la hauteur horizontale du soleil, le 16 avril, pour trois heures du soir, au méridien de *Paris*.

Cherchez d'abord par le problème 26, la durée du jour indiqué, c'est-à-dire, du 16 avril pour *Paris* (c'est treize heures); ensuite, sur l'arc diurne, c'est-à-dire sur le parallèle que décrit le soleil ce jour-là, prenez, à partir du méridien, vers l'ouest, un arc correspondant à 3 heures, à raison de 15 degrés par heure, ce qui fera 45 degrés, et du point terrestre où est situé *Paris* sur le globe, faites descendre jusqu'à l'horizon un vertical tangent (par exemple une bande de papier), en le faisant passer sur le degré trouvé 45 du parallèle susdit, et prenant en même temps la distance de ce dernier degré 45 jusqu'à l'horizon, portez cette distance sur les divisions de l'équateur afin d'y voir le nombre de degrés qui y sont interceptés : c'est la hauteur horizontale cherchée. On trouve ainsi 41° 10′.

53. Trouver à quelle heure de l'après-midi, au méridien de *Paris*, le soleil a, le 16 avril, une hauteur horizontale égale à 30°.

En cherchant la durée du jour du 16 avril pour *Paris*, on trouve que cette durée est de 13 heures, lesquelles, réduites en degrés, donnent 195 degrés qui font la longueur de l'arc diurne ou du parallèle que décrit le soleil en ce jour-là. Si, après cela, on prend sur l'équateur (au moyen, par exemple, d'une bande de papier) une distance égale à 30 degrés, et qu'ensuite on fixe l'une des extrémités de cette bande sur *Paris*, pour faire promener l'autre extrémité sur l'horizon, jusqu'à ce que la distance susdite de 30 degrés se trouve justement interceptée entre l'horizon et ce parallèle, on verra alors l'intervalle qui restera sur ce même parallèle entre la bande en question et le méridien : c'est ce dernier intervalle qui, réduit en temps, à raison de 15 degrés par heure, indiquera ce que l'on cherche. On trouve ainsi 3 heures, 30 minutes.

54. **Trouver** le point de la terre où, le **2** mai, le soleil est perpendiculaire, tandis qu'il est midi à *Constantinople*.

Cherchez d'abord le degré de l'écliptique qui correspond au 2 mai (c'est le 12 du Taureau), et notez en même temps le parallèle qui passe sur ce degré ; amenez ensuite *Constantinople* sous le méridien, et voyez sur la surface du globe le point qui se trouve alors placé sous le méridien et sur le parallèle susdit : c'est le lieu cherché. Ce lieu ou point est, dans le cas présent, *Kobbé*, capitale du Darfour, en Afrique ou Nigritie.

55. Trouver tous les points où le soleil est successivement perpendiculaire pendant toute la journée du 3 mars.

Cherchez sur l'écliptique, comme dans le problème précédent, le degré qui correspond au 3 mars, et alors, tous les lieux placés sur le parallèle qui passe par ce degré, sont tous les lieux cherchés.

§ 4

Lever et coucher du soleil.

56. Trouver l'heure qu'il est à *Paris* quand le soleil se lève pour cette ville le 5 mai.

Voyez d'abord sur l'horizon du globe à quel degré de l'écliptique répond le 5 mai (vous trouverez le 15.ᵉ degré du Taureau) ; amenez ensuite ce point de l'écliptique sous le méridien, et montez la sphère horizontalement pour ce degré ; comptez enfin le nombre de degrés qui se trouvent interceptés sur le parallèle, depuis le degré susdit ainsi placé sous le méridien, jusqu'à l'horizon (on trouve $110°\ 30'$) et réduisez ces derniers en temps, à raison de 15 degrés par heure : le nombre d'heures résultant, étant ôté des 12 heures, de midi, amènera un reste qui sera le nombre d'heures que l'on cherche. On trouvera ainsi que, le 5 mai, le soleil se lève pour *Paris* à 4 heures, 38 minutes du matin.

57. Trouver l'heure qu'il est à *Paris*, quand le soleil se couche, pour cette ville, le 5 mai.

C'est la même solution qu'au problème précédent ; seulement, observez de n'y plus faire la soustraction dont il est parlé, par la raison que l'heure du coucher du soleil arrivant après-midi, il n'y a plus lieu ici de la retrancher de 12 heures. Ainsi, pour *Paris*, le soleil se couche, le 5 mai, a 7 heures, 22 minutes du soir.

58. Trouver les deux jours de l'année où le soleil se lève à 5 heures du matin pour *Varsovie*.

Si vous retranchez les 5 heures données de 12 heures, il vous restera 7 heures pendant lesquelles le soleil se trouvera au-dessus de l'horizon, depuis le moment de son lever jusqu'à midi ; et comme cet astre doit se trouver encore sur l'horizon après-midi, jusqu'à son coucher, pendant le même espace de temps, il s'ensuit que ce jour-là aura une durée de 14 heures. Cherchez donc, par les problèmes 24 et 28, le parallèle où la durée du jour, pour *Varsovie*, est de 14 heures, et ce parallèle ira couper l'écliptique aux deux points ou degrés qui correspondent aux deux jours cherchés. Ce sont ici le 29 avril et le 14 août.

59. Trouver les deux jours de l'année où le soleil se couche à 5 heures du soir pour *Alexandrie*.

Si le soleil se couche à 5 heures du soir, il faut que la durée de ce jour-là soit de 10 heures. Cela connu, faites le reste de l'opération comme dans le problème précédent.

Chacun de ces problèmes renferme, comme on voit, plusieurs conditions, dont chacune peut devenir l'inconnue. Ils peuvent donc l'un et l'autre se modifier en ceux qui suivent.

60. Etant donnés les deux jours de l'an, soient le 29 avril et le 14 août, avec le lieu que nous supposerons être *Varsovie*, trouver l'heure du lever ou du coucher du soleil pour cette ville, aux jours susdits.

61. Etant donné l'heure du lever ou du coucher du soleil, avec les deux jours de l'an, trouver le lieu pour lequel le soleil se lève et se couche à l'heure indiquée.

62. Trouver le lieu de la terre où le soleil se lève, quand il est 6 heures, 16 minutes, 21 secondes du soir à l'horloge, par exemple, de *Riga*, en un jour donné, soit le 21 juin.

Montez d'abord la sphère horizontalement pour le lieu donné, pour *Riga*, et placez en même temps l'aiguille du cadran sur midi ; faites ensuite tourner le globe jusqu'à ce que l'aiguille vienne se placer sur l'heure indiquée, c'est-à-dire sur 6 heures, 16 minutes, 21 secondes du soir, et, ayant remarqué le parallèle que décrit le soleil ce jour-là (ici c'est le tropique), donnez à un compas une ouverture égale à 90° et posez une branche de ce compas ainsi ouvert sur ce parallèle, justement au point qui se trouve au méridien, portant l'autre branche vers l'horizon du côté de *l'ouest*, et cherchant, avec la pointe de cette dernière branche, le point de la surface du globe qui le rencontre précisément à la ligne du cercle de l'horizon : ce point de la surface du globe ainsi trouvé est le lieu cherché. Ici on trouve *Bournon*.

63. Trouver le lieu de la terre où le soleil se couche, quand il est 6 heures 1/4 du soir à l'horloge de *Riga*, le 21 juin.

C'est la même solution qu'au problème précédent : seulement on remarquera que le lieu pour lequel le soleil doit se coucher étant plus oriental que l'autre où le jour n'est pas encore terminé, il faut, dans ce cas, porter le compas du côté de *l'est*, au lieu de *l'ouest* comme dans le problème précédent. Tout le reste de l'opération est le même.

Il est évident que chacun de ces deux problèmes contenant plusieurs données connues, avec une inconnue, peut être modifié en autant d'autres problèmes qu'on y voit de conditions. On peut donc dire :

64. Etant donné *Riga* où il est 6 heures 1/4 du soir, avec *Bournon* où l'on suppose que le soleil se lève en même temps, trouver le jour de l'an.

65. Etant donnés le 21 juin, plus *Bournon*, où l'on suppose que le soleil se lève tandis qu'il est 6 heures 1/4 du soir dans un autre lieu inconnu, trouver ce dernier.

66. Etant donnés deux lieux, *Riga* et *Bournon*, avec le jour de l'an, le 21 juin, trouver l'heure qu'il est à *Riga* au moment où le soleil se lève à *Bournon*.

67. Etant donnés *Riga* où il est 6 heures 1/4 du soir, avec le jour de l'an, le 21 juin, plus *Bournon*, trouver l'époque du jour pour ce dernier lieu.

68. Trouver sur l'horizon le point précis du lever ou du coucher du soleil, pour un jour donné, par exemple, le **21** juin, relativement à un lieu désigné, soit *Lille.*

Montez d'abord la sphère horizontalement pour le lieu désigné, *Lille;* ensuite, ayant cherché à quel degré de l'écliptique correspond le jour donné (le **21** juin correspond au **1.**er du Cancer), remarquez le parallèle qui passe sur ce degré de l'écliptique (ici c'est le tropique); enfin, voyez sur quels degrés de l'horizon, à partir du vrai point *est* et *ouest,* vient passer ce parallèle : ce sont les deux degrés de l'horizon qui indiquent, l'un du côté de l'est, l'autre du côté de l'ouest, les points précis du lever et du coucher du soleil. On trouve de cette manière le **31.**e degré.

Ce problème, contenant encore plusieurs conditions, peut être modifié en autant d'autres, comme suit :

69. Etant donné le point précis sur l'horizon où le soleil se lève, avec le jour que nous supposerons être le **21** juin, trouver le lieu pour lequel le soleil, ce jour-là, se lèvera au point susdit.

70. Etant donné le point précis du lever, avec le lieu, soit *Varsovie,* trouver le jour.

§ 5
Amplitude et Azimut.

71. Trouver l'amplitude du soleil à une heure donnée, par exemple, 9 heures du matin, d'un jour fixé, supposons le **22** juin, pour un lieu indiqué, soit *Paris.*

D'abord montez la sphère horizontalement pour *Paris,* et ayant cherché sur l'horizon à quel degré de l'écliptique répond le **22** juin (c'est le **1.**er du Cancer), amenez ce degré sous le méridien, mettant en même temps l'aiguille du cadran sur **12** heures ; faites ensuite tourner le globe jusqu'à ce que l'aiguille marque 9 heures du matin, et ayant posé le vertical mobile de manière que, descendant du zénith du globe, il vienne aboutir au degré susdit de l'écliptique, et en même temps tomber perpendiculairement sur l'horizon, comptez alors sur ce dernier cercle combien il se trouve de degrés interceptés entre le point de l'orient vrai et le pied du vertical : c'est l'amplitude cherchée. On trouve ici un peu plus de **19** degrés.

Cette amplitude se nomme *orientale*, parce qu'elle se trouve du côté de *l'orient* ; on la nommerait *occidentale* si elle se trouvait du côté de *l'occident*.

72. Trouver l'azimut du soleil pour un lieu donné, par exemple, *Paris*, en un moment déterminé, soit le **23** avril, à **8** heures du matin.

L'azimut se mesurant sur l'horizon comme l'amplitude, et de la même manière que celle-ci, à cette différence près, que le point de départ se trouve au sud, comme on peut le voir d'après les définitions qui ont été données plus haut (1) de ces deux arcs, il s'ensuit que la solution de ce problème s'obtient de la même manière et par le même procédé que celle du problème précédent.

Nous ferons remarquer que l'un et l'autre de ces deux problèmes peuvent encore se modifier en autant d'autres qu'ils contiennent, chacun, de données. En effet, on peut dire :

73. Étant donnés l'amplitude (ou l'azimut), par exemple, **19** degrés, plus le jour que nous supposons le **22** juin, et le lieu, soit *Paris*, trouver l'heure.

74. Étant donnés l'amplitude (ou l'azimut), le jour, l'heure, trouver le lieu.

75. Étant donnés l'amplitude (ou l'azimut), l'heure, le lieu, trouver le jour.

CHAPITRE 2

NOMENCLATURE.

1. Étant donné un cercle qui a pour diamètre **12** mètres : trouver la longueur de la circonférence, en poussant les chiffres jusqu'à la douzième décimale.

---

(1) Voyez page 3o.

2. Etant donnée la circonférence d'un cercle , trouver la surface de ce cercle, en poussant le calcul jusqu'à la douzième décimale.

3. Etant donnée la surface d'un cercle , trouver celle de la sphère, en poussant les chiffres jusqu'à la douzième décimale.

4. Etant donnée la surface d'une sphère , trouver son volume, en poussant le calcul jusqu'à la douzième décimale.

5. Etant donnés des degrés, minutes, etc., de la division ancienne ou sexagésimale, les convertir en grades, minutes, etc., de la division nouvelle ou centésimale.

6. Etant données des lieues communes de 25 au degré, par exemple 12,5, les réduire en mètres et réciproquement.

7. S'orienter.

8. Trouver la méridienne d'un lieu.

9. Etablir un instrument de passage.

10. Trouver la latitude , soit septentrionale , soit méridionale d'un lieu, par exemple de *Paris*, de *Montevideo*, etc.

11. Trouver tous les lieux de la terre qui ont la même latitude qu'un lieu donné, par exemple, *Bruxelles*.

12. Trouver la longitude, soit orientale, soit occidentale d'un lieu, par exemple, de *Siam*, de *Mexico*, etc.

13. Trouver tous les lieux de la terre qui ont la même longitude qu'un lieu donné, par exemple , *Philadelphie*.

14. Etant données la longitude, par exemple 32° 51′ 15″ E , et la latitude , soit 31° 47′ 47″ N , d'un lieu inconnu , trouver ce lieu.

15. Trouver la distance de deux villes en mesure linéaire.

16. Trouver les antipodes d'un lieu, par exemple , de *Pékin*.

17. Trouver les Antœciens de *Pékin*.

18. Trouver les Périœciens de *Pékin*.

19. Trouver l'heure qu'il est à *Jérusalem* , quand il est 9 heures du soir à *Rome*.

20. Etant donnés deux lieux, par exemple, *Lima* et *Amsterdam*, avec leurs longitudes qui sont, pour la première ville, de 79° 27′ 45″ O, et pour la seconde ville, de 2° 32′ 54″ E, trouver la différence de leurs heures.

21. Etant donnés un lieu, soit *Lima*, avec sa longitude, plus la latitude d'un autre endroit inconnu et la différence d'heures entre ces deux lieux, trouver cet endroit inconnu.

22. Trouver la durée du plus long jour pour *Vienne*.

23. Trouver la durée de la plus longue nuit pour *Vienne*.

24. Trouver la durée du jour, au 15 avril, pour *Londres*.

25. Trouver le lieu de la terre où, le 15 avril, la durée du jour est de 12 heures, 58 minutes.

26. Trouver le jour de l'an où, à *Londres*, le jour dure 12 heures, 58 minutes.

27. Trouver les deux jours de l'année qui, pour *Londres*, ont une durée de 13 heures.

28. Trouver le parallèle où, le 20 mai, le jour offre une durée de 15 heures.

29. Trouver la latitude du parallèle, où le plus long jour est de 18 heures.

30. Trouver la latitude du parallèle, où la plus courte nuit est de 4 heures.

31. Trouver la durée du plus long jour de mois à la latitude 80°.

32. Trouver la durée de la plus longue nuit de mois à la latitude 80°.

33. Trouver la latitude du parallèle où le plus long jour de mois est de 5 mois.

34. Trouver la latitude du parallèle où la plus longue nuit de mois est de 5 mois.

35. Trouver la durée de l'aurore et du crépuscule pour un lieu donné, par exemple, *Lyon*, et pour un jour fixé, soit le 7 octobre.

36. Trouver la latitude des parallèles où commence chaque climat d'heure.

37. Trouver la latitude des parallèles où commence chaque climat de mois.

38. Trouver à quel climat d'heure appartient le parallèle qui se trouve à la latitude 50°.

39. Trouver à quel climat de mois appartient le parallèle qui se trouve à la latitude 80°.

40. Trouver, l'une après l'autre, la largeur de chaque climat d'heure.

41. Trouver, l'une après l'autre, la largeur de chaque climat de mois.

42. Trouver l'ascension droite du soleil pour le 5 octobre.

43. Trouver le jour où le soleil a 40 degrés d'ascension droite.

44. Trouver la déclinaison du soleil pour le 8 septembre.

45. Trouver les deux jours de l'année où arrive la déclinaison septentrionale du soleil, égale à 23°.

46. Trouver la longitude du soleil pour le 8 septembre.

47. Trouver le jour de l'année où la longitude du soleil est de 18 degrés.

48. Etant donnée l'ascension droite du soleil, par exemple, 57° 30', trouver sa longitude.

49. Etant données la déclinaison du soleil, plus la saison de l'année, trouver sa longitude.

50. Trouver la hauteur méridienne du soleil pour un jour donné, par exemple, le 8 septembre, relativement à un lieu proposé, soit *Paris*.

51. Trouver les deux jours de l'année où le soleil a 40 degrés de hauteur méridienne pour *Moscow*.

52. Trouver la hauteur horizontale du soleil, le 16 avril, pour 3 heures du soir, au méridien de *Paris*.

53. Trouver à quelle heure de l'après-midi, au méridien de *Paris*, le soleil a, le 16 avril, une hauteur horizontale égale à 30 degrés.

54. Trouver le point de la terre où, le 2 mai, le soleil est perpendiculaire, tandis qu'il est midi à *Constantinople*.

55. Trouver tous les points où le soleil est successivement perpendiculaire pendant toute la journée du 3 mars.

56. Trouver l'heure qu'il est à *Paris* quand le soleil se lève pour cette ville le 5 mai.

57. Trouver l'heure qu'il est à *Paris* quand le soleil se couche, pour cette ville, le 5 mai.

58. Trouver les deux jours de l'année où le soleil se lève à 5 heures du matin pour *Varsovie*.

59. Trouver les deux jours de l'année où le soleil se couche à 5 heures du soir pour *Alexandrie*.

60. Etant donnés les deux jours de l'an, soient le 29 avril et le 14 août, avec le lieu que nous supposerons être *Varsovie*, trouver l'heure du lever ou du coucher pour cette ville aux jours susdits.

61. Etant donnée l'heure du lever ou du coucher du soleil, avec les deux jours de l'an, trouver le lieu pour lequel le soleil se lève ou se couche à l'heure indiquée.

62. Trouver le lieu de la terre où le soleil se lève quand il est 6 heures, 16 minutes, 21 secondes du soir à l'horloge, par exemple, de *Riga*, en un jour donné, soit le 21 juin.

63. Trouver le lieu de la terre où le soleil se couche quand il est 6 heures 1/4 du soir à l'horloge de *Riga*, le 21 juin.

64. Etant donné *Riga* où il est 6 heures 1/4 du soir, avec *Bournon*, où l'on suppose que le soleil se lève en même temps, trouver le jour de l'an.

65. Etant donnés le 21 juin, plus *Bournon*, où l'on suppose que le soleil se lève tandis qu'il est 6 heures 1/4 du soir dans un autre lieu inconnu, trouver ce dernier.

66. Etant donnés deux lieux, *Riga* et *Bournon*, avec le jour de l'an, le 21 juin, trouver l'heure qu'il est à *Riga* au moment où le soleil se lève à *Bournon*.

67. Etant donnés *Riga* où il est 6 heures 1/4 du soir, avec le jour de l'an, le 21 juin, plus *Bournon*, trouver l'époque du jour pour ce dernier lieu.

68. Trouver sur l'horizon le point précis du lever ou du coucher du soleil, pour un jour donné, par exemple, le 21 juin, relativement à un lieu désigné, soit *Lille*.

69. Étant donné le point précis sur l'horizon où le soleil se lève, avec le jour que nous supposerons être le 21 juin, trouver le lieu pour lequel le soleil, ce jour-là, se lèvera au point susdit.

70. Étant donné le point précis du lever avec le lieu, soit *Varsovie*, trouver le jour.

71. Trouver l'amplitude du soleil à une heure donnée, par exemple, 9 heures du matin, d'un jour fixé, supposons le 22 juin, pour un lieu indiqué, soit *Paris*.

72. Trouver l'azimut du soleil pour un lieu donné, par exemple, *Paris*, en un moment déterminé, soit le 23 avril, à 8 heures du matin.

73. Étant donnés l'amplitude (ou l'azimut), par exemple, 19 degrés, plus le jour que nous supposons le 22 juin, et le lieu, soit *Paris*, trouver l'heure.

74. Étant donnés l'amplitude (ou l'azimut), le jour, l'heure, trouver le lieu.

75. Étant donnés l'amplitude (ou l'azimut), l'heure, le lieu, trouver le jour.

4.ᵐᵉ PARTIE

ou

RECUEIL

DE CERTAINES TABLES

POUVANT SERVIR DE COMPLÉMENT.

TABLE 1ère

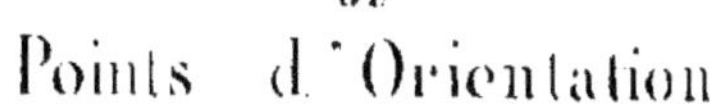

ROSE DES VENTS
ou
Points d'Orientation

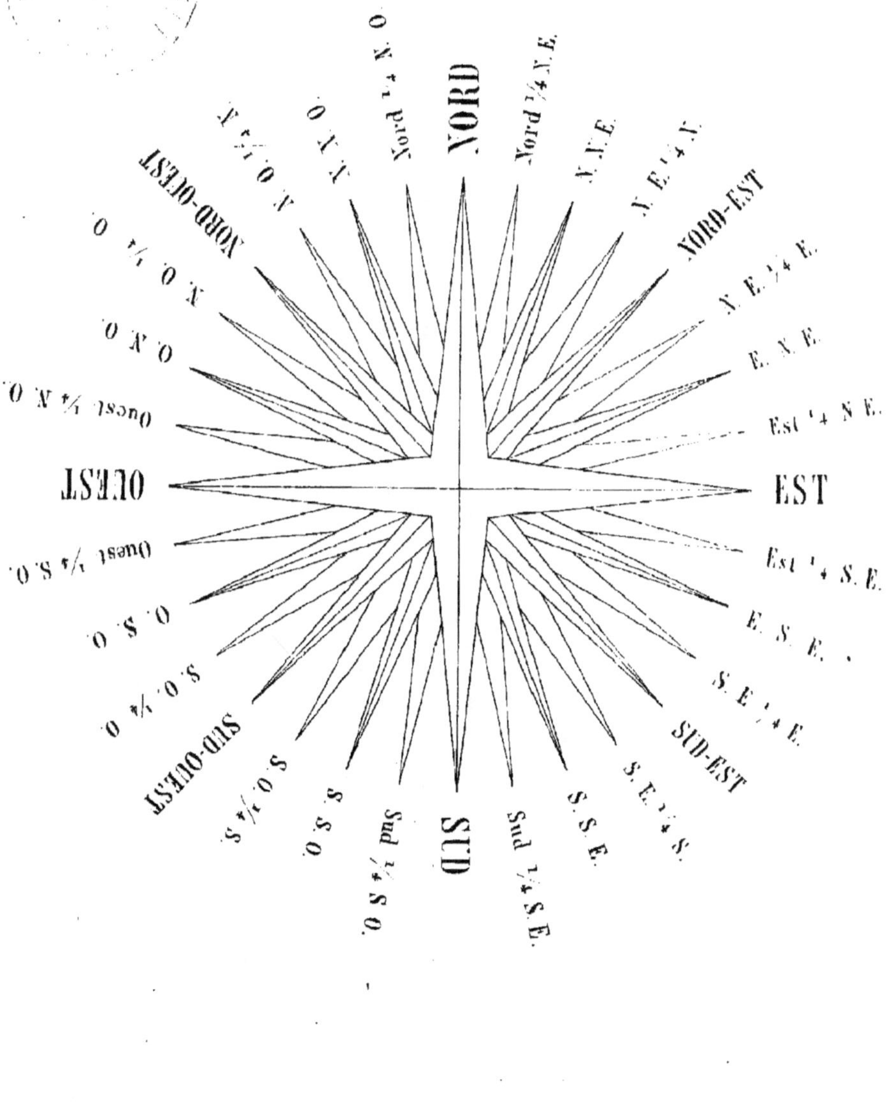

TABLE II.

RÉDUCTION

POUR LA DIVISION DU CERCLE.

DIVISION		DIVISION	
ANCIENNE en 360 degrés.	NOUVELLE en 400 grades.	ANCIENNE en 360 degrés.	NOUVELLE en 400 grades.
DEGRÉS.		**SECONDES.**	
1.°	1°,111111	1″	0°,000308
2.°	2°,222222	2″	0°,000617
3.°	3°,333333	3″	0°,000925
4.°	4°,444444	4″	0°,001234
5.°	5°,555555	5″	0°,001543
6.°	6°,666666	6″	0°,001851
7.°	7°,777777	7″	0°,002159
8.°	8°,888888	8″	0°,002468
9.°	10°,000000	9″	0°,002777
10.°	11°,111111	10″	0°,003086
20.°	22°,222222	20″	0°,006173
30.°	33°,333333	30″	0°,009259
MINUTES.		**TIERCES.**	
1′	0°,018518	1‴	0°,000005
2′	0°,037037	2‴	0°,000010
3′	0°,055556	3‴	0°,000015
4′	0°,074074	4‴	9°,000021
5′	0°,092592	5‴	0°,000026
6′	0°,111111	6‴	0°,000030
7′	0°,129629	7‴	0°,000036
8′	0°,148148	8‴	0°,000041
9′	0°,166666	9‴	0°,000046
10′	0°,185185	10‴	0°,000052
20′	0°,370370	20‴	0°,000103
30′	0°,555555	30‴	0°,000156

TABLE III.

1.º HAUTEURS des principales montagnes du globe au-dessus du niveau de l'Océan.

Points.	Situation.	Mètr.
Adelat.	Suède.	1578
Anzandiar.	Suisse.	2343
Athos.	Grèce.	2066
Ballon (le).	France	1429
Ballon de Gueb-willer.	France et Alle-magne.	1431
Ben-Newis.	Ecosse.	1325
Brenner.	Tyrol.	1556
Broken.	Allemagne.	1140
Budosch.	Transylvanie.	2924
Canigou.	Pyrénées.	2785
Cantal.	France.	1857
Cavallo.	Italie.	2902
Cerbier des joncs	France.	1602
Cervin.	Alpes.	4522
Châlet-Gobet.	Suisse.	892
Chasseral.	France.	1602
Col de fenêtre.	Piémont.	2917
Col du Géant.	Alpes.	3426
Cylindre.	Pyrénées.	3322
Dofra-Fiall.	Norwège.	2319
Etna (Mont).	Sicile.	3237
Erix.	Sicile.	1187
Feldlberg.	Allemagne.	1496
Fichtelberg.	Saxe.	1212
Fisterahorn.	Suisse.	4362
Gargano.	Italie.	1560
Gaviara.	Espagne.	2403
Gibraltar	Espagne.	434
Heidelberg.	Allemagne.	1212
Hekla.	Islande.	1013
Hurine.	Russie.	364
Hussoko.	Moravie.	1624
Iagoni.	Russie.	1489
Jung-Frau.	Suisse.	4180
La Dole.	Suisse.	1646
Legnone.	Italie.	2806
Le Mezen.	France.	1766
Les Reyes.	Espagne.	2319
Lipsze.	Crapats.	2534
Lorèze.	France.	1490
Lowther.	Angleterre.	954
Maladetta.	Pyrénées.	3312
Malahite.	Pyrénées.	3404
Mont-Blanc.	Alpes.	4810
Mont des Géants	Bohême.	1512

Points.	Situation.	Mètr.
Mont d'Or.	France.	1886
Monte d'Oro.	Corse	2652
Mont-Martre.	France.	113
Mont-Perdu.	Pyrénées.	3351
Mont-Rose.	Alpes.	4636
Monte-Rotondo.	Corse.	2672
Mulahasen.	Grenade.	3555
Ochscukop.	Allemagne.	1598
Olympe.	Grèce.	2009
Oreste (mont).	Italie.	697
Ortler.	Tyrol.	3908
Parnasse.	Spitzberg.	1194
Pic-Blanc.	France.	3109
Pic d'Arbizon.	France.	2438
Pic du Midi.	Pyrénées.	2877
Plomb du Cantal	France.	1857
Pointe Lomnis.	Crapats.	2761
P.te Montaigu.	France.	2192
Pointe Noire.	Spitzberg.	1372
Puy-de-Dôme.	France.	1465
Puy-Mary.	France.	1658
Réculet.	Jura.	1715
Rosberg.	Allemagne.	1261
Ruska Poyana.	Autriche.	3021
Saint-Angelo.	I. Lipari.	1602
Saint-Bernard.	Alpes.	3517
Saint-Gothard.	Suisse.	2765
Schneckoppe.	Bohême.	1608
Sierra d'Estrée.	Portugal.	1700
Sierra d'Estrella.	Espagne.	2294
Sierra del Malha	Portugal.	1828
Sierra de Foja.	Algardes.	1100
Simplon.	Alpes.	2491
Shehalien.	Ecosse.	1039
Snowden.	Pays de Galles.	1089
Strombole.	Iles Lipari.	919
Succfials-Iokull	Islande.	1559
Surul.	Transylvanie.	2924
Taberg.	Norwège.	126
Tafelfieht.	Bohême.	1098
Tchadagh.	Turquie.	1600
Toria.	Russie.	425
Vélino.	Apennins.	2393
Vantoux.		1909
Vésuve.	Naples.	1198
Viso (mont).	Alpes.	3832

Amérique.

Points.	Situation.	Mètr.	Points.	Situation.	Mètr.
Alter.		5294	M.e du B. Temps	Côte N.-O. Amérique.	4549
Antisana.	Pérou.	5833	M.es Blanches.		2377
Arequipa.		5600	M.es Bleues.	Jamaïque.	2218
Bighorn.	N.elle Bretagne.	4134	Mowa maroa.	Owhyee.	4838
Cayambé.	Pérou.	5954	Nevado de Illimani		6456
Cerro de Potosi		4888	Nevado de Sorata		6488
Chimborazo.	Pérou.	6530	Orizaba.		5295
Chipicani.		5760	Otaïti.	Mer du Sud.	3323
Coffre de Perote		4088	Pélée (mont).		1298
Corazon.		1807	Pic Fraide.		4611
Cotopaxi.	Pérou.	5753	Popocatepec.	Mexique.	5400
Duida.		2577	Pichu-Pichu.		5670
Garga Viraco.		4780	Sangay.		5515
Inchocaio.		5240	Saint-Elie.	N.-E. Amérique	5113
Jorullo.		1299	Sierra-Nevada.	Mexique.	4780
Lac Titicaca.		3915	Sollatara.	Guadeloupe.	1557
Los Mimbres.	États-Unis.	1200	Soufrière.	Antilles.	1557

Afrique.

Points.	Situation.	Mètr.	Points.	Situation.	Mètr.
Ambogeshem.	Abissinie.	4600	Pitondes Neiges	Ile Bourbon.	3067
Ambostismène.	Madagascar.	3507	Table (montag)	Cap de Bonne-Espérance.	1163
Atlas (le plus haut sommet)	Barbarie.	3898	Ténériffe (pic).	I. Canaries.	3710
Geesh.		4813	Sierra Leone (h.t sommet.)	Guinée supér.	848
Pic (mont).	Açores.	2412	Volcan.		2309
Piter Boot.	I. Mascareignes.	4958			

Asie.

Points.	Situation.	Mètr.	Points.	Situation.	Mètr.
Ararat.	Perse.	3845	23.e Pic de l'Hymalaya.	Thibet.	6925
Dhawaladgérid	Thibet.	8556	Pic Noir.		6447
Dwalagiri.		8187	Pic de la Fr. Chine, Russie		5135
Elbrouz.	Caucase.	5009	Pic de l'île Ieso.	Indoustan.	1449
Ida.		1767	Liban.		2906
Javahir.	Thibet.	7848	Orphyr.	I. Sumatra.	3950
Juwahir.		7824	Stalitzkoi.	Chine.	3270
Kunchinginga (Est).	Thibet.	8481	Sinaï.	Arabie.	1060
Kunchinginga (Ouest).	Thibet.	8588	Tanagai.	Ourals.	2761
Petit-Altaï.	Sibérie.	2202	Takhtalou.	Turquie d'Asie.	2575
3.e Pic de l'Hymalaya.	Thibet.	6959	Thabor.	Syrie.	610
12.e Pic de l'Hymalaya.	Thibet.	7088	Yorck.		1001

Océanie.

Points.	Situation.	Mètr.	Points.	Situation.	Mètr.
Egemont.	Polynésie.	4621	Le Pic.	Polynésie.	3323
Gété.	Malaisie.	2588	Mowna-Roa.	Polynésie.	5024

2.º HAUTEURS

DE QUELQUES LIEUX HABITÉS DU GLOBE.

Noms.	DÉSIGNATION des points.	mètres	Noms.	DÉSIGNATION des points.	mètres
Ancomarca.	Maison de poste, habitée quelques mois.	4792	Mexico.		2277
Antisama.	Métairie.	4101	Micuipampa.	Ville, Pérou.	3618
Apo.	Maison de poste.	4376	Milan.	Jardin botanique.	128
Arequipa.	Ville.	2377	Mont-d'Or.	Bains (Auvergne).	1040
Ausbourg.		475	Moscow.		300
Barège.	Village (cour des bains) Pyrénées.	1241	Munich.		638
Berlin.		40	Neufchâtel.		438
Bologne.		121	Oruro.	Ville.	3792
Breuil.	Village, (vallée du Mont-Cervin).	2007	Paris.	Observatoire national premier étage.	65
Briançon.		1306	Parme.		93
Calamarca.	Ville.	4141	Plombières.		421
Cassel.		158	Pontarlier.		828
Caxamarca.	Ville du Pérou.	2860	Potosi.	La partie la plus haute	4166
Clermont.	Préfecture.	411	Prague.		179
Cachabamba.	Ville capitale.	2575	Puno.	Ville.	3911
Cuença.	Ville.	2633	Heas.	Village, chapelle, Pyrénées.	1497
Dijon.		217	Quito.	Ville.	2908
Dresde.		20	Ratisbonne.		362
Freyberg.		372	Rome.	Capitole	46
Gavarnie.	Village, (auberge des Pyrénées.)	1335	S.ta-Fé-de-Bogota.		2601
Genève.		372	S.t-Bernard.	(Hospice du grand)	2491
Gotha.		285	S.t-Gotard.	Hospice.	2075
Gottingue.		134	S.t-Ildephonse	Palais d'Espagne.	1155
Inspruck.		566	S.t Rémi.	Village.	1604
La Paz.	Ville, république de Bolivia.	3717	S.t-Sauveur.	Terrasse des Bains, Pyrénées.	728
La Plata.	Capitale de Bolivia.	2844	S.t-Véran.	Village (Alpes-Hautes)	2040
Lausanne.		507	Salszbourg.		452
Lima.		156	Tacora.	Village d'indiens.	4344
Luz.	Eglise, Pyrénées.	706	Toulouse.	Seuil de l'Oservatoire.	194
Lyon.	Rhône, au pont de Guillotière.	163	Toulouse.	Garonne.	132
Maurin.	Village, Basses-Alpes.	1902	Tupisa.	Ville, Bolivia.	3049
Madrid.		608	Ulm.		230
Macon.	Étage de la Saône.	170	Ulm.		369
			Vienne.	Danube.	133

3.º HAUTEURS

DE QUELQUES ÉDIFICES

	Mètres.		Mètres.
Arc de triomphe de l'Étoile.	44	Kittub-Minor (tombeau près Delhi).	78 1/2
Arc de triomphe du Carrousel	17 1/2	Maison Carrée	11
Balustrade de la tour Notre-Dame , au-dessus du pavé.	66	Mâture d'un vaisseau de 120 canons.	73
Beffroi de Bruges (Basses-Pyrénées).	87	Men - hir (pierre levée druidique).	13
Cathédrale d'Orléans.	108 1/2	Monument de Londres.	65
Cathédrale de Reims.	81	Obélisque de Louqsor.	27
Cathédrale d'York.	67	Observatoire de Paris.	27
Clocher de l'abbaye de Saint-Germain-des-Prés.	58	Panthéon d'Agrippa.	43
Clocher de la cathédrale d'Anvers.	120	— de Paris , au-dessus du pavé.	79
Clocher de la cathédrale de Metz.	121	Phare de la belle Rock.	97
Clocher de la cathédrale de Rouen.	141 1/2	Pont du Gard.	47
Clocher de Thann.	98	Propylée de la barrière Saint-Martin.	20
— de St.-Denis.	103	Portail Saint-Gervais.	45
— neuf de la cathédrale de Chartres.	122	Porte Saint-Denis.	23 1/2
Clocher vieux de la cathédrale de Chartres.	111	— Saint-Martin.	17 1/2
Colonne de la barrière du Trône	32	Pyramide de Céphrènes.	126
— de Juillet.	47	————— de Chéops.	146
— de Médicis.	31 1/2	————— de Mycérinus.	53
— de la place Vendôme.	43	Sainte-Gertrude de Bâle.	81
Colysée à Rome (P.ds de cire).	49	Saint - Paul et Saint - Louis , à Paris.	70
Dôme de l'Assomption.	46	Ste.-Sophie , à Constantinople.	58
— de l'Institut.	42	Sorbonne.	50
— de la Halle au Blé.	32 1/2	Sphinx (la tête du)	9
— de Milan, au-dessus de la place.	109	Tour des Annelli , à Bologne.	107
Dôme de St.-Pierre de Rome, au-dessus de la place.	132	Tour Magne.	37
Donjon du fort de Vincennes.	54	—— Monthéry.	32
Flèche de la cathédrale d'Amiens.	130	—— penchée , à Bologne.	47
Flèche des Invalides , au-dessus du pavé.	105	—— penchée , à Pise.	57
		—— de St.-Étienne, à Vienne.	138
		—— de St.-Eustache.	39 1/2
		—— St.-Jacques (la boucherie)	58
		—— St.-Michel, à Hambourg.	130
Grande cloche de Moscou.	6 1/2	—— St.-Paul de Londres.	110
Hôtel-de-Ville de Bruxelles.	108	—— St.-Pierre de Hambourg.	110
— de Paris.	47	—— de Strasbourg.	142
		Val de Grâce.	64
		Westminster de Londres.	73 1/2

TABLE IV.

CLIMATS.	PLUS LONG JOUR pour le parallèle le plus élevé.		LATITUDE du parallèle le plus élevé.			LARGEUR DU CLIMAT.		
	Heures.	Minutes.	Degrés.	Minutes.	Sec.	Degrés.	Minutes.	Sec.
1.er	12	30	8	34	3	8	34	3
2.e	13	0	16	44	3	8	10	0
3.e	13	30	24	11	55	7	27	52
4.e	14	0	30	48	10	6	36	15
5.e	14	30	36	31	3	5	42	53
6.e	15	0	41	23	48	4	52	45
7.e	15	30	45	32	2	4	8	14
8.e	16	0	49	2	2	3	31	0
9.e	16	30	51	59	47	2	57	45
10.e	17	0	54	30	23	2	30	36
11.e	17	30	56	38	21	2	7	58
12.e	18	0	58	27	10	1	48	49
13.e	18	30	59	59	50	1	32	40
14.e	19	0	61	18	46	1	18	56
15.e	19	30	62	25	50	1	7	4
16.e	20	0	63	22	33	0	56	43
17.e	20	30	64	10	18	0	47	45
18.e	21	0	64	49	54	0	39	36
19.e	21	30	65	22	15	0	32	21
20.e	22	0	65	47	57	0	25	42
21.e	22	30	66	7	29	0	19	32
22.e	23	0	66	21	10	0	13	41
23.e	23	30	66	29	19	0	8	9
24.e	24	0	66	32	0	0	2	41
25.e	1 mois.		67	22	42	0	50	42
26.e	2 mois.		69	49	35	2	26	53
27.e	3 mois.		73	38	44	3	48	39
28.e	4 mois.		78	30	55	4	52	11
29.e	5 mois.		84	5	3	5	34	35
30.e	6 mois.		90	0	0	5	54	57

TABLE V.

LONGUEURS DES DEGRÉS DE MÉRIDIENS ET DE PARALLÈLES POUR L'APLATISSEMENT 000,324.

Latitude.	Degré du Méridien.	Différence.	Degré du Parallèle.	Différence.
0°	110571,4		111277,5	16,7
1	572,1	0,7	111260,8	50,5
2	573,4	1,2	111210,3	84,2
3	575,4	2,0	111126,1	117,9
4	578,0	2,6	111008,2	151,5
5	581,2	3,2	110856,7	
		3,9		184,8
6	110585,1		110671,9	218,4
7	589,6	4,5	110453,5	251,8
8	594,8	5,2	110201,7	285,4
9	600,6	5,8	109916,3	318,5
10	607,0	6,4	109597,8	
		7,0		351,8
11	110614,0		109246,0	384,9
12	621,6	7,6	108861,1	417,9
13	629,9	8,3	108443,2	450,6
14	638,7	8,8	107972,6	483,3
15	648,0	9,3	107509,3	
		10,0		561,1
16	110658,0		106993,2	548,5
17	668,4	10,5	106444,7	580,8
18	679,5	11,0	105863,9	612,8
19	691,0	11,5	105251,1	644,9
20	703,1	12,1	104606,2	
		12,5		676,5
21°	715,6		103929,7	708,1
22	728,7	13,1	103221,6	739,5
23	742,2	13,5	102482,1	770,6
24	756,1	13,9	101711,5	801,5
25	770,5	14,4	100910,0	

Latitude.	Degré du Méridien.	Différence.	Degré du Parallèle.	Différence.
25°	110770,5	14,8	100910,0	832,1
26	785,3	15,2	100077,9	862,8
27	800,5	15,6	99215,1	892,6
28	816,1	15,9	98322,5	922,9
29	832,0	16,3	97399,6	952,5
30	848,3	16,6	96447,1	981,7
31	110864,9	16,9	95465,4	1010,8
32	881,8	17,2	94453,6	1039,8
33	889,0	17,5	93414,8	1068,1
34	916,5	17,7	92346,7	1096,3
35	934,2	17,9	91250,4	1124,2
36	110952,1	18,0	90126,2	1151,7
37	970,1	18,4	88974,5	1179,0
38	988,5	18,4	87795,5	1205,6
39	111006,9	18,6	86589,9	1232,2
40	025,5	18,6	85357,7	1258,3
41	111044,1	18,8	84099,4	1284,0
42	062,9	18,8	82815,4	1309,4
43	081,7	18,9	81506,0	1334,3
44	100,6	18,8	80171,7	1359,1
45	119,4	18,8	78812,6	1383,0
46	111138,3	18,8	77429,6	1406,8
47	1·7,1	18,9	76022,8	1430,2
48	176,0	18,7	74592,6	1453,0
49	194,7	18,6	73139,6	1475,5
50	213,3	18,5	71664,1	1497,6
51	111231,8	18,3	70166,5	1519,1
52	250,1	18,2	68647,4	1540,3
53	268,3	18,0	67107,1	1560,8
54	286,3	17,8	65546,3	1581,0
55	304,1	17,6	63965,3	1600,8
56	111321,7	17,3	62364,5	1629,0
57	339,0	17,0	60744,5	1638,8
58	356,0	16,7	59105,7	1656,9
59	372,7	16,5	57448,8	1674,6
60	389,2		55774,2	

Latitude.	Degré du Méridien.	Différence.	Degré du Parallèle.	Différence.
60	111389,2		55774,2	
61	405,2	16,0	54082,6	1691,7
62	421,0	15,8	52374,0	1708,5
63	436,3	15,3	50649,3	1724,7
64	451,2	14,9	48909,0	1740,3
65	465,8	14,6	47153,4	1755,6
		14,1		1770,1
66	111479,9		45383,3	
67	493,6	13,7	43599,4	1783,9
68	506,7	13,1	41801,8	1797,6
69	519,5	12,8	39991,3	1810,5
70	531,7	12,2	38168,4	1822,9
		11,7		1834,6
71	111543,4		36333,8	
72	554,5	11,1	34487,8	1846,0
73	565,1	10,6	32631,2	1856,6
74	575,2	10,1	30764,4	1866,8
75	584,7	9,5	28888,3	1876,1
		9,0		1885,3
76	111593,7		27003,0	
77	602,0	8,3	25109,3	1893,7
78	609,7	7,7	23207,8	1901,5
79	616,9	7,2	21299,3	1908,5
80	623,4	6,5	19384,0	1915,3
		5,8		1921,2
81	111629,2		17462,8	
82	634,5	5,3	15536,2	1926,6
83	639,1	4,6	13604,7	1931,5
84	643,0	3,9	11669,1	1935,6
85	646,3	3,3	9729,8	1939,3
		2,7		1942,4
86	111649,0		7787,4	
87	651,0	2,0	5842,6	1944,8
88	652,0	1,3	3896,1	1946,5
89	653,3	0,7	1948,5	1947,6
90	653,6	0,3	0000,0	1948,5

TABLE VI.

RAYONS TERRESTRES.

	EN LIEUES (1).	EN MÈTRES (3).
Grand rayon pris sous l'équateur.	1432,3946	6375731,6
Rayon pris à la latitude 10°	1431,9034	6373545,2
— à la latitude 20°	1431,4122	6371358,8
— à la latitude 30°	1430,9210	6369172,5
— à la latitude 40°	1430.4298	6366986,1
Moyen rayon pris à la latitude 45°	1430,1842	6365892,9
— à la latitude 50°	1429,9386	6364799,7
— à la latitude 60°	1429,4474	6362613,3
— à la latitude 70°	1428,9562	6360426,9
— à la latitude 80°	1428,4650	6358240,6
Petit rayon allant aux pôles.	1427,9738	6356054,2
Différence du grand au petit rayon.	(2) 4,4209	19677,9

(1) Il faut remarquer que la lieue ici employée a été calculée sur un degré pris sous l'équateur, valant 111277,5 mètres, et égale à 4451 mètres 1 dixieme, ou à 2283 toises 74401111.

(2) Ces nombres ont été cherchés par des moyennes arithmétiques introduites entre le grand et le petit rayon, qui sont supposés différer entre eux de $\frac{1}{314}$

(3) Ceux-ci résultent du produit des lieues par 4451 mètres 1 dixième.

TABLE VII.

DES LONGITUDES ET LATITUDES

DES PRINCIPALES VILLES DU GLOBE; DES VILLES CAPITALES DE CHAQUE

DÉPARTEMENT DE LA FRANCE, ET DES VILLES

SOUS PRÉFECTORIALES DU NORD.

Noms des lieux.	Désignation des points.	Noms des contrées.	Longitude comptée de Paris.	Latitude.
Agen.	Clocher de la cathédrale; somm. de la balustrade.	France.	1° 43' 6" O.	44° 12' 27" N.
Ajaccio.	Clocher de la cathédrale	Ile de Corse.	6.23.49. E.	41.55. 1. N.
Alby.	Tour. de la cath.; le som.	France.	0.11.43. O.	43.55.44. N.
Alençon.	Som. du cloc. de N.-Dame	France.	2.14.52. O.	48.25.49. N.
Alep.		Asie.	34.45. 0. E.	36.11.25. N.
Alexandrie.	Le phare.	Afrique.	27.32.35. E.	31.12.53. N.
Alger.	Le fanal.	Afrique.	0.44.10. E.	36.47.20. N.
Amiens.	Pied de la Croix de la flèche de la cathédrale.	France.	0. 2. 4. O.	49.53.43. N.
Amsterdam.	Clocher de l'Ouest.	Hollande.	2.32.54 E.	52.22.30. N.
Angers.	Som. de la flèc. de la tour mérid. de la cathédrale	France.	2.53 34. O.	47.28.17. N.
Angoulême.	Som. du cloc. de St-Pierre	France.	2.11. 8. O.	45.39. 0. N.
Antongil.	Baie.	Madagascar.	48. 3.15. E.	15.27.23. S.
Anvers.		Belgique.	2. 3.55. E.	51.13.14. N.
Arkhangel.		Russie.	38.23.15. E.	64.31.40. N.
Arras.	Pied du Lion du Beffroi.	France.	0.26.26. E.	50.17.31. N.
Astrakan.		Russie.	45.45. 0. E.	46.20.59. N.
Athènes.	Parthénon.	Grèce.	21.23.30. E.	37.58. 8. N.
Auch	Cloc (tour nord) somm.	France.	1.45 8. O.	43.38.50. N.
Aurillac.	Sommet du clocher.	France.	0. 6.22. E.	44.55.11. N.
Auxerre.	Som. de la petite coupole sur la tour de St-Etienne	France.	1.14.10. E.	47.47.54. N.
Avesnes.	Som. de la tour de l'Eglise	France.	1.35.47. E.	50. 7.22 N.
Avignon.	Télégraphe.	France.	2 28 15. E.	43.57.13. N.
Avignon.	Palais des Papes, tour., clocher.	France.	2.28 14. E.	43.57. 5. N.
Bagdad.		Turquie Asiat.	42. 2.15. E.	33.19.50. N.
Barcelonne.	Montouy.	Espagne.	0.10.18. O.	41.21.44 N.
Barceloune.	Cathédrale.	Espagne.	0. 9.11. O.	41.22.26. N.

Noms des lieux.	Désignation des points.	Noms des contrées.	Longitude. comptée de Paris.	Latitude.
Bar-le-Duc.	Sommet du clocher de l'église Saint-Pierre.	France.	2°49'24"E.	48°46' 8"N.
Batavia.	Ville.	Ile de Java.	104.32.57.E.	6. 8.55.S.
Beauvais.	Clocher de S.t-Pierre; le faîte de l'église.	France.	0.15.19.O.	49.26. 0.N.
Berlin.	Ancien observatoire.	Prusse.	11. 3.30.E.	52.21.13.N.
Besançon.	Boule du clocher en lanterne de la citadelle.	France.	3.41.56.E.	47.13.46.N.
Blois.	Som. de la coupole supér. de la tour de St-Louis.	France.	1. 0. 3.O.	47.35.20.N.
Bombay.	Eglise.	Asie.	70.34.19.O.	18.56. 7.N.
Bordeaux.	Sommet de la boule de la flèche O. de la cathéd.	France.	2.54.56.O.	44.50.19.N.
Boston.	Maison des Etats.	Amériq. sept.	73.23.45.O.	42.20.58.N.
Bourg.	Sommet de lanterne de l'église de Notre-Dame.	France.	2.53.28.E.	46.12.21.N.
Bourges.	Tourillon de l'horloge de l'église de St.-Etienne.	France.	0. 3.43.E.	47. 4.59.N.
Bremen.	Observatoire de M. Olbers	Allemagne.	6.28.30.E.	53. 4.36.N.
Breslau.		Prusse.	14.41.54.E.	51.6. 30.N.
Brest.	Observatoire.	France.	6.49.35.O.	48.23.35.N.
Brest.	Centre du mouvem. du télégraphe de la tour de l'église Saint-Louis.	France.	6.49.42.O.	48.23.22.N.
Bruxelles.	Sainte-Gudule.	Belgique.	2. 1.23.E.	50.50.56.N.
Buénos-Ayres	Maison Mendeville.	Amériq. mér.	60.44.12.O.	34.36.18.N.
Bucharest.		Turquie d'Eur.	23.48. 0.E.	44.26.45.N.
Cadix.	Observatoire.	Espagne.	8.37.37.O.	36.32. 0.N.
Caen.	Sommet du clocher de l'Abbaye-aux-Dames.	France.	2.41.24.O.	40.11.14.N.
Cahors.	Clocher de la cathédrale, sommet.	France.	0.53.41.O.	44.26.52.N.
Caire (le)	Tour des Janissaires.	Egypte.	28.35.12.E.	30. 2. 4.N.
Calcultta.	Fort William.	Asie.	86. 0. 3.E.	22.33.11.N.
Cambrai.	Tour de St.-Géry; sommet de la boule.	France.	0.53.40.E.	50.10.39.N.
Canton.		Chine.	110.56.30.E.	23. 8. 9.N.
Cap Français.	La ville.	Iles Antilles.	74.38.10.O.	19.46.20.N.
Cap de Bonne-Espérance.	Observatoire.	Afrique.	16. 8.21.E.	33.56. 3.S.
Carcassonne.	Parapet de la tour de St.-Vincent.	France.	0. 0.46.E.	43.12.54.N.
Cassel.	Près Williams-Hohe.	Allemagne.	7. 3.39.E.	51.18.58.N.
Cayenne.	Le Fort.	Amériq. mér.	54.38.45.O.	4.56 28.N.
Châlons-sur-Marne.	Sommet de la flèche septentr. de la cathédrale.	France.	2. 1.18.E.	48.57.21.N.
Chandernagor		Asie.	86. 9.15.E.	22.51.26.N.
Chartres.	Sommet du clocher neuf de la cathédrale.	France.	0.50.59.O.	48.26.53.N.
Chateauroux.	Clocher.	France.	0.38.32.O.	46.48.50.N.
Chaumont.	Somm. du cloc. du collège	France.	2.48.19.E.	48. 6.47.N.
Cherbourg.	Tour des Eglises.	France.	3.57.39.O.	49.38.34.N.
Cherbourg.	Sommet du pignon N. de la calle N.° 4 du port.	France.	3.58.21.O.	49.39 .7.N.
Christiania.	Observatoire.	Norwège.	8.24.31.E.	59.54. 5.N.

Noms des lieux.	Désignation des points.	Noms des contrées.	Longitude comptée de Paris,	Latitude.
Clermont.	Somm. de la grosse boule de la coupole de la cathédrale.	France.	6° 44' 57''.E.	45° 45' 46''.N.
Colmar.	Clocher de la cathédrale; base de la lanterne.	France.	5. 1.20.E.	48. 4.41.N.
Constantinop.	Sainte-Sophie	Turquie.	26.38.50.E.	41. 0.16.N.
Copenhague.	Observat. en tour ronde.	Danemarck.	10.14.20.E	55.40.53 N.
Cracovie.		Gallicie.	17.37. 0.E.	50. 3.50.N.
Dantzich.		Allemagne.	16.17.50.E.	54.20.48.N.
Dijon.	Boule du clocher de St.-Bénigne	France.	2.41.55.E.	47.19.19.N.
Digne.		France.	3.54. 4.E.	44. 5.15.N.
Douai.	Tour de St-Pierre; le som.	France.	0.44.41.E.	50.21.15.N.
Draguignan.		France.	7. 4.43.E.	43.31.43.N.
Dresde.		Allemagne.	11.23.47.E.	51. 3 39.N.
Dublin.	Observatoire.	Irlande.	8.41.52.O.	53.23.14.N.
Dunkerque.	Tour des pavillons, plate-forme de la tour.	France.	0. 2.43.E.	51. 2.11.N.
Edimbourg.		Ecosse.	5.30.15.O.	55.57.20.N.
Epinal.	Centre de la boule du clocher de l'Hôpital	France.	4. 6.32.E.	48.10.24.N.
Evreux.	Boule de la flèche de la cathédrale.	France.	1.11. 9.O.	49. 1 30.N.
Florence.	Cathédrale.	Italie.	8.55. 6.E.	43.46.36 N.
Foix.	Tour ronde de la prison ; sommet.	France.	0.43.59.O.	42.57.17.N.
Francfort-sur-le-Mein.		Allemagne.	6.21. 0.E.	50. 6.43.N.
Gap.	Sommet du clocher.	France.	3.44.31.E.	44.33.30.N.
Gênes.	Fanal.	Italie.	6.34. 0.E.	44.24.18.N.
Genève.	Eglise Saint-Pierre.	Suisse.	3.48.30.E.	46.12. 5 N.
Gibraltar.	Pointe-d'Europe.	Espagne.	7.41. 2.O.	36. 6.42.N.
Goa.	Pointe-Algoada.	Indes.	71.33. 6.E.	15.29.30.N.
Gotha.	Le Seeberg.	Allemagne.	8.23.43.E.	50.56. 6.N.
Greenwich.	Observatoire.	Angleterre.	2.20.24.O.	51.28.29 N.
Grenoble.	Point culminant O. de la Bastille.	France.	3.23.20.E.	45.11.57.N.
Grenoble.	Clocher de Saint-Joseph.	France.	3.23.36.E.	45.11.12.N.
Greuse.	Clocher de St.-Pardoux.	France	0.28. 9.O.	46.10.17.N.
Hambourg.	Observatoire.	Allemagne.	7.38. 9 E.	53.32.51.N.
Havane (la)	Le Morro.	Antilles	84.42.44 O.	23. 9.24.N.
Hazebrouck.	Sommet de la flèche.	France.	0.11 55.E.	50.43.12.N.
Horn.	Cap., sommet.	Amériq. mér.	69.31.17.E.	55.53.41.N.
Iakustk.		Sibérie.	127.24 15.E.	62. 1.50.N.
Irkurtsk.		Russie asiat.	101.55.57.E.	52.17. 2.N.
Ispaham.		Perse.	49.24 22.E.	32.39 34.N.
Jackson.	Port , fort Macquarie.	Nouvelle-Hollande.	148.53.34.E.	33.51.40.S.
Jérusalem.		Turquie asiat.	32.51.15.E.	31 47 47.N.
Kasan.		Russie d'Eur.	46.40.10.E.	57.47.30.N.
Kœnigsberg.		Prusse.	18. 9 42.E.	54.42.50.N.
Laon.	Sommet de la boule de la tour de l'horloge.	France.	1.17.19.E.	49.33 54.N.
La Rochelle.	Tour de la Lanterne.	France.	3 20.41.O.	46. 9 23 N.

Noms des lieux.	Désignation des points.	Noms des contrées.	Longitude comptée de Paris.	Latitude.
Laval.	Sommet du clocher.	France.	3° 6' 39"O.	48° 4' 7"N.
Le Mans.	Tour de St.-Julien; le pied de la croix	France.	2. 3.19.O.	48. 0.35.N
Le Puy.	Sommet du grand clocher de la cathédrale.	France.	1.32.55.E.	45. 2.46.N.
Lille.	Boule de la lanterne du dôme de la Madelaine.	France.	0.43.37.E.	50.38.44.N.
Lima.	Saint-Juan de Dios.	Pérou.	79.27.45.O.	12. 2.34.N.
Limoges.	Sommet de l'église de St. Michel-des-Lions.	France.	1. 4.48.O.	45.49.52.N.
Lisbonne.	Observatoire.	Portugal.	11.28.45.O.	38.42.24.N.
Londres.	Saint-Paul.	Angleterre.	2.26.11.O.	51.30.40.N.
Lons-le-Saul.	Sommet du clocher des Cordeliers.	France.	3.13.11.E.	46.40.28.N.
Lyon.	Milieu de la boule de N.-D. de Fourvières.	France.	2.29.10.E.	45.45.45.N.
Macao.	Factorerie anglaise.	Chine.	111.13.46.E.	22.12. 0.N.
Macon.	Sommet de la tour de St.-Vincent.	France.	2.29.55.E.	46.18.24.N.
Madras.	Observatoire.	Indes.	77.56.57.E.	13. 4. 9.N.
Madrid.	Grande-Place.	Espagne.	6. 2.15.O.	40.24.57.N.
Malacca.	Fort.	Indes.	99.54.36.É.	2.12. 0.N.
Manille.	Cathédrale.	Iles Philippines.	118.38.39.E.	14.36. 0.N.
Marseille.	Clocher de Notre-Dame-de-la-Garde.	France.	3. 2. 3.E.	43.17. 4.N.
Marseille.	Les Acoules, sommet de la boule du clocher.	France.	3. 1.55.E.	43.17.52.N.
Marseille.	Observatoire.	France.	3. 1.54.E.	43.17.50.N.
Melun.	La boule du clocher de Saint-Barthélemy.	France.	0.19.10.E.	48.32.32.N.
Mende.	Flèche N de la cathéd sommet sous la boule.	France.	1. 9.41.E.	44. 1. 4.N.
Metz.	Flèche de la cathéd.; la base de la petite flèche.	France.	3.50.23.E.	49. 7.14.N.
Mézières.	Boule de la petite coupole du clocher.	France.	2.22.46.E.	49.45.43.N.
Mexico.	Couvent Saint-Augustin.	Mexique.	101.25.30.O.	19.25.45.N.
Milan.	Cathédrale.	Italie	6.51. 5.E.	45.27.35.N.
Moka.		Arabie.	40.59.36.E.	13.20. 0.N.
Montauban.	Sommet du clocher de l'église St.-Jacques.	France.	0.59. 6.O.	44. 1.6. N.
Montbrison.	Sommet du clocher.	France.	1.43.45.E.	45.26.22.N.
Mont-de-Marsan.	Tour E. de l'église.	France.	2.50.18.O.	45.53.38.N.
Monterey.	Le Fort.	Californie.	124.12.49.O.	36.36.24.N.
Montevideo.	Cathédrale.	Amériq. mér.	58.33.25.O.	34.54. 8.S.
Montpellier.	Clocher N.-D.; sommet de la galerie.	France.	1.32.34.E.	43.36.44.N.
Montpellier.	Clocher de la cathédrale; sommet de la galerie.	France.	1.32.13.E.	43.36.18.N.
Moskow.	Ivan-Veliki.	Russie.	35.17.30.E.	55.45.13.N.
Moulins.	Beffroi, base du toit de la lanterne.	France.	0.59.46.E.	46.33.59.N.
Munich.	Notre-Dame.	Bavière.	9.14.18.E.	48. 8.20.N.
Nancy.	Centre de la boule du cloc.	France.	3.51. 0.E.	48.41.31.N.
Nangasaki.		Japon.	127.31.36.E.	32.45. 0.N
Nankin.		Chine.	116.27. 0.E.	32. 4.40.N

Noms des lieux.	Désignation des points.	Noms des contrées.	Longitude comptée de Paris.	Latitude.
Nantes.	Som. du toit qui surmonte la tour de la cathédrale.	France.	3°53'18"O.	47°13' 8"N.
Nantes.	Tour de Lauuay; sommet	France.	3.54.50.O.	47.12.38.N.
Naples.	Observatoire.	Italie.	11.55.30.E.	40.51.55 N.
Napoléon-Vendée.	Tour N. de l'église ; sommet de la balustrade.	France.	3.45.46.O	46.40.17.N
Nevers.	Clocher de la cathédrale ; tour de Saint-Cyr.	France.	0.49.14.E	46.59.15.N.
Nîmes.	Sommet des ruines de la tour Magne.	France.	2. 0.45.E	43.50.36.N.
Niort.	Clocher de N.D., sommet.	France.	2.48.12.O.	46.19.23.N.
Nouvelle - Or-léans.		Amériq. sept.	92.27.27.O.	29.57.47.N.
Odessa.	Cathédrale.	Russie.	28.23 50.E.	46.28.55.N.
Orléans.	Sommet du clocher de Sainte-Croix.	France.	0.25.35 O.	47.54. 9.N.
Oxford.	Observatoire.	Angleterre.	3.35.54.O.	51.45.38.N.
Owhyhi.	Baie Karakakoa.	Ile Sandwich.	158.22.39.O.	19.28. 9.N
Palerme.	Observatoire.	Sicile.	11. 1. 0.E.	38. 6.44.N.
Palme.		Ile Majorque.	0.18.12.E.	39.34. 4.N.
Paris.	Sommet de la lanterne du Panthéon.	France.	0. 0.35.E.	48.50.49.N.
Paris.	Observatoire.	France.	0. 0. 0.	48.50.13.N.
Pau.	Tour du château; sommet de l'escalier.	France.	2.42.47.O.	43.17.44.N.
Pékin.	Observatoire Impérial.	Chine.	114. 8.30.E.	39.54.13.N.
Perpignan.	Sommet du tourillon N.-O. de Saint-Jacques.	France.	0.33.55.E.	42.41.55.N.
Perpignan.	Clocher de la Citadelle.	France.	0.33.30.E.	42.11.39.N.
Périgueux.	Sommet du clocher.	France.	1.36.54.O.	45.11. 4.N.
Pétersbourg.		Russie.	27.58.34.E.	59.56.31.N.
Philadelphie.		Amériq. sept.	77.30.40.O.	39.57. 2.N.
Poitiers.	Sommet du clocher de Saint-Porchaire.	France.	1.59.51.O.	46.34.55.N.
Pondichéry.		Indes.	77.31.30.E.	11.55.41.N.
Porto-Ferrajo	Le Fanal.	Ile d'Elbe.	7.59.52.E	42.49. 6.N.
Porto-Rico.	La ville.	Antilles.	68.33.30.O.	18.29.10.N.
Prague.	Observatoire.	Bohême.	12. 4.58.E.	50. 5.19.N.
Privas.	Clocher des Récollets.	France.	2.15.31.E.	44.44.11.N.
Québec.	Citadelle.	Canada.	73.36.24.O.	46.49.12.N.
Quimper.	Cathédrale de St-Corentin sommet de la flèche N.	France.	6.26.26.O	47.59.47.N.
Quito.		Pérou.	81. 5.30.O.	0.14. 0. S.
Rennes.	Sommet du toit de la tour Sainte-Mélanie.	France.	4. 0 40.O	48. 6.55.N.
Riga.		Russie.	21.45.31.E.	56.57.10.N.
Rio-Janeiro.		Amériq. mér.	45.35.49.O.	22.54.42.S.
Rodez.	Sommet de la tête de la Vierge qui surmonte la tour de Notre-Dame.	France.	0.14.15.E.	44.21. 5.N.
Rome.	Saint-Pierre.	Italie.	10. 6.41.E.	41 54. 8.N.
Rouen.	Sommet de la flèche de la cathédrale.	France.	1.14.32.O.	49.26.29.N.
St.-Brieuc.	Cathéd. ; somm. du cloc.	France.	5. 6. 7.O.	48.30.53.N.
Ile Ste-Hélène	Observatoire.	Ile de l'Océan Atl.	8. 3.13.O.	15.55. 0.N.

Noms des lieux.	Désignation des points.	Noms des contrées.	Longitude comptée de Paris.	Latitude
Saint-Joseph		Californie.	112° 1' 8".O.	23° 3'13".N.
Saint-Lô.	Sommet de la flèche sept.	France.	3.25.55.O.	49. 6.59.N.
Siam.		Indes.	98.30. 0.E.	14.20.40.N.
Smyrne.		Turquie asiat.	24.48. 6.E.	38.25.38.N.
Stockholm.	Observatoire.	Suède.	15.43.20.E.	59.20.31.N.
Stralsund.		Allemagne.	10.47. 5.E.	54.19.28.N.
Strasbourg.	Som. de la flèc. de la cath.	France.	5.24.54.E.	48.34.57.N.
Stuttgardt.		Allemagne.	6.50.45.E.	48.46.30.N.
Syène.		Afrique.	30.30.18.E.	24. 5.23.N.
Taïti.		I. du Grand-Océan	151.49.19.O.	17.29.21.S.
Tarbes.	Clocher des Carmes, pied de la Croix.	France.	2.15.19.O.	43.13.58.N.
Tarbes.	Clocher de la cathédrale, pied de la Croix.	France.	2.16. 8.O.	43.14. 5.N.
Ténériffe.	Pic.	Canaries.	18.58.59.O.	28.16.21.N
Thèbes.	Ruines de Luxor.	Egypte.	30.15. 7.E.	25.41.57.N.
Tobolsk.		Russie asiat.	65.58.25.E.	58.12.39.N.
Tornéa.		Suède.	21.52. 0.E.	65.50.50.N.
Toulon.	Observatoire.	France.	3.35.37.E.	43. 7.28.N.
Toulon.	Angle S.-E. de la cale couverte E.	France.	3.35.22.E.	43. 7.20.N.
Toulon.	Ancienne cathéd.; sommet de la tour.	France.	3.35.51.E.	43. 7.17.N.
Toulouse.	Ancien observatoire.	France.	0.53.47.O.	43.35.40.N.
Toulouse.	Sommet du clocher de Saint-Sernin.	France.	0.53.44 O.	43.36.33.N.
Toulouse.	Nouvel observatoire; la balustrade.	France.	0.52.30.O.	43.36.46.N.
Tours.	Sommet de la tour septentrionale de la cathéd.	France.	1.38.56.O.	47.23.46 N.
Trébizonde.		Turquie asiat.	37.24.37.E.	41. 1.0.N.
Trieste.	Horloge.	Illyrie.	11.26.17.E.	45.38.50.N.
Trinquemalay.	Mât de pavillon.	Ile de Ceylan.	78.58.36.E.	8.33.30.N.
Tripoli.	Consulat.	Syrie.	10.51.18.E.	32.53.40.N.
Troyes.	Tourelle de l'angle S. de la tour de la cathédrale de Saint-Pierre.	France.	1.44.41.E.	48.18. 3.N.
Tulle.	Clocher; som. de la boule	France.	0.33.58.O.	45.16. 7.N.
Tunis.	Au Fondour.	Barbarie.	7.51. 0.E.	36.47.59.N.
Turin.	Observatoire nouveau.	Italie.	5.21 12.E.	45. 4. 8.N.
Uranibourg.		Danemarck.	10.21.32.E.	55 54.26.N.
Valence.	Somm. de la tour St-Jean	France.	2.33.18.E.	44.56. 5.N.
Valenciennes	Sommet du Beffroi.	France.	1.11.12.E.	50.21.29.N.
Vanikoro.	Havre d'Ocili.	Grand-Océan.	164.31.47.E.	11.40.24.S.
Vannes.	Saint-Pierre.	France.	5. 5.42.O.	47.39.31.N.
Varsovie.		Russie.	18.36.37.E	52.13. 1.N.
Venise.	Saint-Marc.	Italie.	9.59.58.E.	45.55.58.N.
Versailles.	Boule du cloc. de St Louis.	France.	0.12.44.O.	48.47.56 N.
Vesoul.	Som. du cloch. du collège.	France.	3.49. 6.E.	47.37.20.N.
Vienne.	Saint-Etienne.	Allemagne.	14. 2.50.E.	48.12.23.N.
Vienne.	Observatoire.	Allemagne.	14. 2.36.E.	48.12.36.N.
Vilna.		Russie d'Eur.	22.57.36.E.	54.41. 0.N.
Washington.	Capitole.	Amériq. sept.	79.22.24.O.	38.53.25.N.
Wardhuns.		Laponie.	28.47.30.E.	70.22 26.N.

TABLE VIII.

SIGNES DU ZODIAQUE.

Saisons.	NOMS		Caractères.	Commencement de chaque saison.	Durée de chaque saison.
	Anciens.	Nouveaux.			J. H. M.
SIGNES SEPTENTRIONAUX.					
Printemps	Le Bélier....	Germinal....	♈	21 mars.	
	Le Taureau..	Floréal......	♉	20 avril.	92.21.36
	Les Gémeaux	Prairial.....	♊	21 mai..	
Eté......	Le Cancer...	Messidor....	♋	22 juin..	
	Le Lion......	Thermidor..	♌	23 juillet	93.13.44
	La Vierge...	Fructidor...	♍	23 août.	
SIGNES MÉRIDIONAUX.					
Automne.	La Balance..	Vendémiaire.	♎	23 sept..	
	Le Scorpion..	Brumaire....	♏	24 octob.	91.16.56
	Le Sagittaire.	Frimaire....	♐	23 nov..	
Hiver....	Le Capricorne	Nivôse......	♑	22 déc..	
	Le Verseau..	Pluviôse.....	♒	20 janv..	87.01.33
	Les Poissons.	Ventôse (1)..	♓	19 février	

(1) Ces noms rappellent, il est vrai, des temps de calamité, de désordre, mais ce motif ne doit pas plus les faire rejeter, qu'il ne conduit à faire renoncer au nouveau système des poids et mesures, et à plusieurs choses grandes et utiles qui doivent leur origine à la même époque. Ces noms auraient un avantage incontestable sur les anciens, celui d'offrir des désinences distinctives des quatre saisons, et d'avoir, pour étymologie, les travaux d'agriculture et les phénomènes propres à chaque mois du monde civilisé et surtout de l'Europe. Du reste, ces nouvelles dénominations ne sont pas encore généralement adoptées, comme désignant les signes susdits.

TABLE IX.

Temps moyen au midi vrai. (1)

Dates.	Janvier.	Février.	Mars.	Avril.	Mai.	Juin.
	h. m. s.	h. m. s.	h. m. s.	h. m. s.	h. m. s.	h. m. s.
1	12. 3.58	12.13.57	12.12.34	12. 3.55	11.58.56	11.57.29
2	12. 4.27	12.14. 4	12.12.22	12. 3.37	11.56.49	11.57.38
3	12. 4.54	12.14·10	12.12. 9	12. 3.19	11.56.42	11.57.48
4	12. 5.22	12.14.16	12.11.56	12. 3. 1	11.56.36	11.57.58
5	12. 5.49	12.14.21	12.11.42	12. 2.44	11.56.31	11.58. 8
6	12. 6.15	12.14.25	12.11.28	12. 2.26	11.56.26	11.58.19
7	12. 6.42	12.14.28	12.11.14	12. 2. 9	11.56.21	11.58.30
8	12. 7. 7	12.14.31	12.10.59	12. 1.52	11.56.17	11.58.41
9	12. 7.32	12.14.32	12.10.44	12. 1.35	11.56.14	11.58.52
10	12. 7.57	12.14.33	12.10.28	12. 1.19	11.56.11	11.59. 4
11	12. 8.21	12.14.34	12.10.12	12. 1. 2	11.56. 9	11.59.16
12	12. 8.44	12.14.33	12. 9.56	12. 0.46	11.56. 8	11.59.28
13	12. 9. 7	12.14.31	12. 9.40	12. 0.31	11.56. 7	11.59.41
14	12. 9.29	12.14.29	12. 9.23	12. 0.15	11.56. 6	11.59.53
15	12. 9.50	12.14.26	12. 9. 6	12. 0. 0	11.56. 6	12. 0. 6
16	12.10.11	12.14.23	12. 8.48	11.59.46	11.56. 7	12. 0.19
17	12.10.31	12.14.18	12. 8.31	11.59.31	11.56. 8	12. 0.31
18	12.10.50	12.14.13	12. 8.13	11.59.17	11.56.10	12. 0.44
19	12.11. 8	12.14. 7	12. 7.55	11.59. 4	11.56.12	12. 0.57
20	12.11.26	12.14. 1	12. 7.37	11.58.51	11.56.15	12. 1.10
21	12.11.43	12.13.54	12. 7.19	11.58.38	11.56.18	12. 1.23
22	12.11.59	12.13.46	12. 7. 0	11.58.25	11.56.22	12. 1.36
23	12.12.14	12.13.37	12. 6.42	11.58.14	11.56.27	12. 1.49
24	12.12.29	12.13.28	12. 6.23	11.58. 2	11.56.32	12. 2. 1
25	12.12.43	12.13.18	12. 6. 5	11.57.51	11.56.37	12. 2.14
26	12.12.56	12.13. 8	12. 5.46	11.57.41	11.56.43	12. 2.27
27	12.13. 8	12.12.57	12. 5.28	11.57.31	11.56.50	12. 2.39
28	12.13.19	12.12.46	12. 5. 9	11.57.21	11.56.56	12. 2.51
29	12.13.30		12. 4.50	11.57.12	11.57. 4	12. 3. 4
30	12.13.40		12. 4.32	11.57. 4	11.57.12	12. 3.16
31	12.13.48		12. 4.14		11.57.20	

(1) On distingue le temps, comme les jours dont il a été parlé plus haut, c'est-à-dire en temps *vrai*, et en temps *moyen*. Le temps *vrai* est celui qu'indique le soleil au méridien, et le temps *moyen* est celui que marque une horloge, dont la marche est supposée régulière et toujours la même. Si l'on suppose le soleil et une horloge semblable partant ensemble de minuit au premier janvier, il arrivera que le soleil, n'ayant point sa marche régulière comme celle de l'horloge supposée, devancera quelquefois, et d'autres fois suivra celle-ci, présentant un écart qui ira même, en certains moments de l'année, jusqu'à seize minutes un quart, ce qui a lieu vers la mi-février et la fin d'octobre. Le présent tableau indique donc l'heure moyenne, c'est-à-dire l'heure à laquelle il faut toujours remettre son horloge pour avoir le temps *moyen*, lorsque le soleil marque, au méridien, le midi précis du temps *vrai*.

Dates.	Juillet.	Août.	Septembre.	Octobre.	Novembre.	Décembre.
	h. m. s.	h. m. s.	h. m. s.	h. m. s.	h. m. s.	h. m s
1	12. 3.27	12. 6. 0	11.59.49	11.49.37	11.43.42	11.49.18
2	12. 3.39	12. 5.56	11.59.30	11.49.18	11.43.42	11.49.41
3	12. 3.50	12. 5.52	11.59.11	11.49. 0	11.43.42	11.50. 5
4	12. 4. 1	12. 5.47	11.58.51	11.48.42	11.43.43	11.50.29
5	12. 4.12	12. 5.41	11.58.32	11.48.24	11.43.44	11.50.54
6	12. 4.22	12. 5.35	11.58.12	11.48. 6	11.43.47	11 51.20
7	12. 4.32	12. 5.29	11.57.52	11.47.49	11.43.50	11.51.46
8	12. 4.41	12. 5.21	11.57.34	11.47.33	11.43.54	11.52.12
9	12. 4.51	12. 5.13	11.57.11	11.47.16	11.43.59	11.52.39
10	12. 4.59	12. 5. 5	11.56.50	11.47. 1	11.44. 5	11.53. 6
11	12. 5. 8	12. 4.56	11.56.30	11.46.45	11.44.12	11.53.34
12	42. 5.16	12. 4.46	11.56. 9	11.46.30	11.44.19	11.54. 2
13	12. 5.23	12. 4.36	11.55.48	11.46.16	11.44.28	11.54.30
14	12. 5.30	12. 4.25	11.55.27	11.46. 2	11.44.37	11.54.59
15	12. 5.36	12. 4.13	11.55. 6	11.45.49	11.44.47	11.55.28
16	12. 5.42	12. 4. 1	11.54.44	11.45.36	11.44.58	11.55.57
17	12. 5.47	12. 3.49	11.54.23	11.45.24	11.45.10	11.56.26
18	12. 5.52	12. 3.36	11.54. 2	11.45.12	11.45.22	11.56.56
19	12. 5.56	12. 3.22	11.53.41	11.45. 1	11.45.35	11.57.26
20	12. 6. 0	12. 3. 8	11.53.20	11.44.51	11.45.50	11.57.55
21	12. 6. 3	12. 2.54	11.52.59	11.44.41	11.46. 5	11.58.25
22	12. 6. 6	12. 2.30	11.52.38	11.44.32	11.46.21	11.58.55
23	12. 6. 8	12. 2.24	11.52.17	11.44.24	11.46.37	11.59.25
24	12. 6. 9	12. 2. 8	11.51.56	11.44.16	11.46.55	11.59.55
25	12. 6.10	12. 1.52	11.51.36	11.44. 9	11.47.13	12. 0.25
26	12. 6.10	12. 1.35	11.51.15	11.44. 3	11.47.32	12. 0.55
27	12. 6.10	12. 1.18	11.50.55	11.43.58	11.47.52	12. 1.25
28	12. 6. 9	12. 1. 1	11.50.35	11.43.53	11.48.12	12. 1.55
29	12. 6. 8	12. 0.43	11.50.16	11.43.49	11.48.33	12. 2.24
30	12. 6. 6	12. 0.26	11.49.56	11.43.46	11.48.55	12. 2.54
31	12. 6. 3	12. 0. 7		11.43.44		12. 3.23

TABLE DES MATIÈRES.

3.ᶜ PARTIE. — PROBLÊMES SUR LA SPHÈRE.

4.ᶜ PARTIE. — RECUEIL DE TABLES.